让孩子成为阅读高手

如何设计阅读单

蒋军晶 刘双双 著

中国人民大学出版社
·北京·

目 录
CONTENTS

为什么要使用阅读单

孩子是成长中的人，很多东西需要他们去学习，阅读也是如此。要想让孩子成为一名阅读高手，最重要的就是让他们学习做一名真正会阅读的好读者。

毫无疑问，本书就是想和你探讨怎样帮助孩子成为一个好读者。

究竟怎样才算是一个好读者呢？众说纷纭，莫衷一是。但讨论久了，也有了一些眉目——

预测和推理
好读者会依据线索进行预测，推理结论

提问
好读者在阅读前、阅读中、阅读后会提出不同的问题，让自己有更多阅读收获

联系背景知识
好读者会将正在读的内容与自己的知识储备、生活经验等联系起来

图像化
好读者阅读的时候，大脑里就像在放电影

概括
好读者会复述并且概括故事内容

比较
好读者会将有异同点的文章、书放在一起比较，并发现内容及表达上的规律

目标
好读者会制定不同的阅读目标，并选择相应的阅读策略

区分
好读者阅读不同类型的书、文章时，会选择不同的阅读策略

阅读过程监控
好读者会努力理解阅读内容，如果不理解，他们知道怎么做并付诸行动

专题
好读者会尝试专题性阅读，阅读时会做出有效的梳理

喜欢与习惯
好读者通过阅读娱乐、学习，将阅读当作一种生活方式

…………

好读者的特点

很多人内心期盼着有“专家”发表这样的观点——只要阅读量上去了，孩子自然而然就会成为一个好读者、一名阅读高手。一旦有人这样说，他们就会选择相信。因为如果这样的观点成立，我们大人，我们这些教师和家长，在把孩子培养成一名阅读高手的过程中就只需要做一件事——把书放到孩子面前，然后对他说“读书吧”。我们不需要亲自去读那些书，我们不用去面对孩子脑袋里那些稀奇古怪的问题，我们不用专门找时间和孩子讨论……总而言之，我们就不用投入那么多精力，不用那么辛苦劳累了。

事实上，很多人就是这样做的。我们在小范围内做了一项调查。

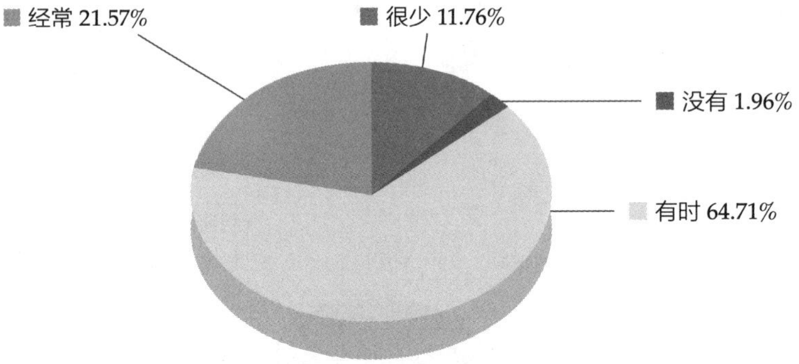

家长对孩子阅读的关注度

在调查中我们发现，经常和孩子讨论正在读的书的家长只有21.57%，而且他们所理解的“讨论”就是问孩子：“你读完了吗？”“你喜欢吗？”“你读懂了吗？”“你懂得了什么道理？”作为专业工作者的教师呢？在学生读了自己推荐的书之后，我们往往也是听之任之，没有进行有针对性的指导，没有组织有效的交流、分享。

我们无意“指责”大人在孩子阅读指导方面的“失职”。这实在有很多原因，和大人的工作节奏、经济状况、文化水平、生活态度、对未来的期望，以及社区环境、亲子关系等都有关。

然而，如果我们有时间、有精力、有强烈的意愿想帮助孩子把阅读量转化为阅读力，我们可以怎么做呢？无非是提问题，抛话题，布置阅读任务……然后和孩子交流、讨论。其中包括让孩子填写阅读单。

什么是阅读单

简而言之，阅读单就是以图文结合的形式呈现阅读问题和阅读任务。也有人把阅读单叫作助读单、导读单、阅读探究单等，它是阅读前、阅读中或阅读后使用的助读工具。

使用阅读单有什么好处

和提问题、抛话题、布置阅读任务相比，用阅读单这种可视化阅读工具指导孩子阅读，好处还真不少。例如：

（1）可以检查孩子从阅读中获取的信息。

（2）可以引导孩子走进文本，探究故事元素（引导孩子走进作品的内核）。

（3）可以帮助孩子更好地学习。

（4）可以使阅读策略与思考显性化（使思维显性化）。

（5）可以帮助孩子在阅读中建立联结（联结生活和情感世界等）。

（6）可以让孩子长时间投入有意义的学习活动中。

（7）可以形成思维履历，形成学习档案。

（8）可以为教师、家长与孩子聊书提供思考路径与方向。

（9）可以帮助孩子在阅读一本书的过程中聚焦注意力。

（10）可以让孩子形成动笔的习惯。

（11）可以帮助教师、家长关注孩子的阅读收获与不足。

（12）可以使阅读形式更多样化，思维更多元化。

…………

阅读单类型多样

本书就是和大家分享关于如何设计阅读单的心得。书中的阅读单是我们最近五六年在开展班级读书会的过程中积累起来的，每一张都经历了苦心设计、反复修改的过程。

在真刀实枪的实践过程中，我们觉得设计阅读单首先需要选择一个方向——阅读单的类型。

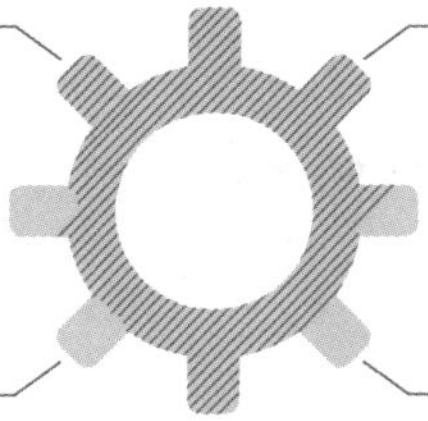

阅读单的类型

设计阅读单的这四个方向就是本书的结构。

我们可以抓住文本的特点设计阅读单，借助阅读单引导孩子关注故事里的转折、人物的变化、故事里的矛盾、表达特点、角色的动机、故事里的巧合等，从而发现文本的主旨、写作的秘密等。

我们可以根据文本的类型设计阅读单，借助阅读单引导孩子探究成长小说、幻想小说、动物小说、冒险小说、侦探小说、战争小说、哲学小说、知识性读物、人物传记等不同类型文本的主题思想、叙事结构、语言特色……

我们可以围绕阅读策略设计阅读单，借助阅读单让孩子练习预测、推理、联结、比较、综合、问问题、思辨等阅读策略，将分享、质疑、议论、判断等本来不可视的阅读行动和思维路径直观地呈现出来。

当然，我们也可以设计一些通用型阅读单，借助阅读单让孩子了解、掌握阅读各种类型书籍时的主要方向、路径、方法。

使用阅读单要注意什么

本书志在分享阅读单的设计与使用经验，但我们并不主张每一次师生共读、亲子共读都要使用阅读单，我们也不觉得阅读单用得越多越好。

阅读单只是阅读指导的一种方式，不能无限夸大其作用。相反，如果阅读单设计、使用不当，就不能激发孩子的阅读热情，培养孩子的良好阅读习惯，提升孩子的阅读力。

那么，在设计和使用阅读单时，要注意什么呢？

1. 在我们有丰富的阅读感受之后再设计

在设计阅读单之前，我们应该拿起书好好读一读，多角度、多侧面地了解这本书，更深入地理解它，与它碰撞出情感的火花，这样设计出来的阅读单才有可能开拓孩子思维的广度和深度。如果只是粗略地阅读一本书，就会如同盲人摸象，只摸着了书的表象，而缺少阅读的感想、感动，设计出来的阅读单自然只会停留在书的表面。

2. 孩子的起点在哪里，阅读单的支架就从哪里搭起

阅读单可难可易。我们在设计阅读单时要了解填写者是哪个年龄段的，要充分考虑这个年龄段孩子的思维水平、知识储备、生活经验等。即使孩子处于同一年龄段，但因为以往的学习经历不同，他们的理解力、评鉴水平等也会有很大差异，这种差异是我们在设计阅读单时要高度重视的。在阅读单的使用过程中，我们还应该观察孩子的使用情况，并不断调整与完善阅读单。

3. 不要窄化阅读单的意义

我们发现，很多人是在应试的惯性中设计阅读单的，这些阅读单其实就是缩小版的考卷、摘抄本……这种教辅型阅读单有时会伤害孩子的阅读兴趣。

4. 填写后要讨论

我们在使用阅读单时不能做甩手掌柜。孩子填写阅读单后如果得不到反馈，往往就会觉得自己只是在完成教师布置的作业。因此，我们要注重阅读单填写后的分享、交流。高质量的分享、交流能让孩子在比较中了解自己的阅读水平，明确努力方向。

5. 不要过度使用通用型阅读单

确实，有一些阅读单适用于不同的书，我们可以使用这些通用型阅读单引导孩子做一些常规阅读活动，例如，梳理情节、评说人物、想象拓展、练习阅读策略等。但通用型阅读单用得多了，会导致孩子审美疲劳，也很难让孩子了解某本书的个性化价值。

6. 不要过于频繁地使用阅读单

频繁地使用阅读单毫无疑问会增加孩子的负担。那么怎样才是适时、适量地使用呢？我们认为，一个月共读一本书，一本书设计两至三张阅读单是比较适宜的。

第一章

一张好的阅读单有哪些特点

1. 直击书的核心价值

如果孩子花了很长时间填写一张阅读单，而他对书的理解还停留在表面，还在书的“外围”打转，那么这张阅读单的性价比就不高。

一张好的阅读单，要引导孩子领会一本书的内涵、意蕴，帮助孩子了解作者的观点。

《城南旧事》

林海音／文
关维兴／图
中国青年出版社

《城南旧事》是作家林海音的半自传体小说，林海音用诗意的文字记录了小女孩林英子在老北京的所见所闻。惠安馆的疯女人秀贞、遍体鞭痕的小伙伴妞儿、出没在荒草丛中的小偷、朝夕相伴的奶妈宋妈、大学生德先叔、兰姨娘……由于各种机缘，英子认识了他们，又由于各种原因，他们一一悄然离去。在相识与分别中，英子长大了。

《城南旧事》阅读单：孩子与大人眼中的世界

在《城南旧事》中，面对同样的人或事，英子与大人的反应却不一样。比如，面对和骆驼有关的事时，他们的反应有什么不一样呢？

事 / 人	骆驼咀嚼	骆驼挂铃铛	骆驼脱毛	骆驼不见了
英子	好奇、模仿	觉得铃铛的作用是“增加情趣”	想剪	记挂、不停地问妈妈
大人	讲价	觉得铃铛的作用是“防狼”	熟视无睹	不觉得特别，厌烦孩子的提问

又如，英子眼中的秀贞、厚嘴唇男人、兰姨娘、妞儿和大人眼中的又有什么区别呢？

人 / 人	秀贞	厚嘴唇男人	兰姨娘	妞儿
英子	善良，是一个失去了孩子的伤心的妈妈	偷东西是为了供弟弟读书；懂得孩子，尊重孩子	漂亮，热情，人很好	温和
大人	是疯子，要远离她	是小偷，应该被抓起来	轻浮，依靠男人生活	命有点儿“薄”

这张阅读单让孩子们明白，同样面对和骆驼有关的事，英子和大人的反应是不一样的。

英子对骆驼的一切都好奇。

骆驼脱毛了，英子就想：骆驼也怕热吗？

骆驼脖子上挂个铃铛，英子就想：骆驼为什么要系一个铃铛呢？

骆驼夏天的时候不见了踪影，英子就想：骆驼夏天去哪儿了呢？它们还会回来吗？

其实，这表明英子对这个世界还抱有好奇心，还很敏感。

例如，胡同口的井窝子、树上垂下来的“吊死鬼”、装了大喇叭的话匣子……英子什么都想看一看，什么都想问一问。

又如，惠安馆的“疯子”秀贞、遍体鞭痕的小伙伴妞儿、屋边草丛里的厚嘴唇男人、戴眼镜的德先叔、抿嘴笑的兰姨娘、裹着小脚的宋妈……英子谁都想了解一下，谁都想问一问。

听说北京的老妈子很会偷东西，英子看着宋妈肥大的裤子就想，宋妈会不会偷了她家的大米顺进裤脚管里。

对惠安馆的疯女人秀贞，人家看到她都绕开走，英子则好奇得不行，总想走近了看清楚些：她到底是啥样子的人呢？

总之，大人视而不见的小玩意儿、小人物、小事件，英子都好奇，都想问。我想，这就是童年的样子吧。

对人和事的理解，英子和大人也完全不一样。

骆驼脖子上挂个铃铛，大人的解释是为了震慑狼；而英子则猜想是拉骆驼的人耐不住沙漠中长途跋涉的寂寞，给骆驼戴上铃铛，增加一些行路的情趣。

骆驼换毛了，大人熟视无睹；而英子则想拿把剪刀替它们剪一剪，让它们穿一件整整齐齐的“衣服”。

惠安馆的秀贞，在大人眼里就是简单的两个字——“疯子”；而英子看到的则是“一个梳着油松大辫子的大姑娘”，是一个失去了孩子的伤心的妈妈。

躲在草丛里的年轻人，在大人眼里就是一个小偷；而英子看到的则是一个善良的供弟弟上学的哥哥，是一个能说知心话的朋友。

在填写阅读单的过程中，孩子们慢慢感受到大人的世俗、功利、沉闷，而英子则对这个世界充满善意和纯真。

《不老泉》

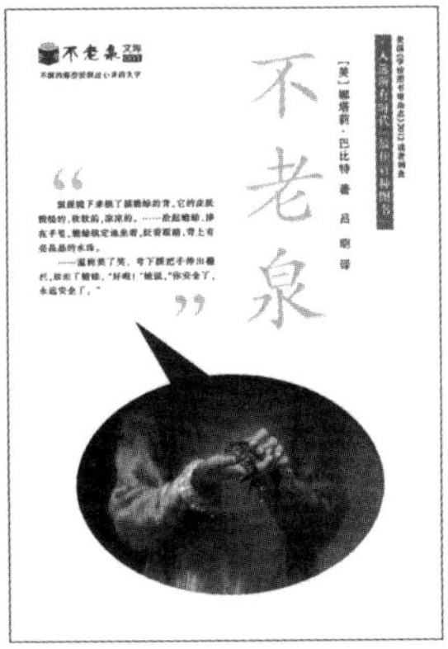

［美］娜塔莉·巴比特 / 著
吕明 / 译
二十一世纪出版社

塔克一家四口无意中喝了不老泉的泉水，于是他们一家“长生不老”了，哪怕他们拿枪对准自己的心脏开枪，或者吃下剧毒的蘑菇，他们也一点儿事都没有。为了守护这个秘密，不让别人发现他们的“特别之处”，他们像吉普赛人一样到处流浪，漫无目的地流浪。他们发现“永生不死”带给他们许多困惑、苦恼……他们也搞不清楚“永生不死”对他们来说究竟是一种福音，还是一种诅咒。

小女孩温妮无意中发现了这一切，她也有机会喝下这泉水，她会做出怎样的选择呢？

《不老泉》阅读单：永生不死的好处与坏处

孩子们，永生不死自古以来吸引着很多人，我们先来讨论一下永生不死有什么好处、有什么坏处。请你按照提示，填写下面两个表格。

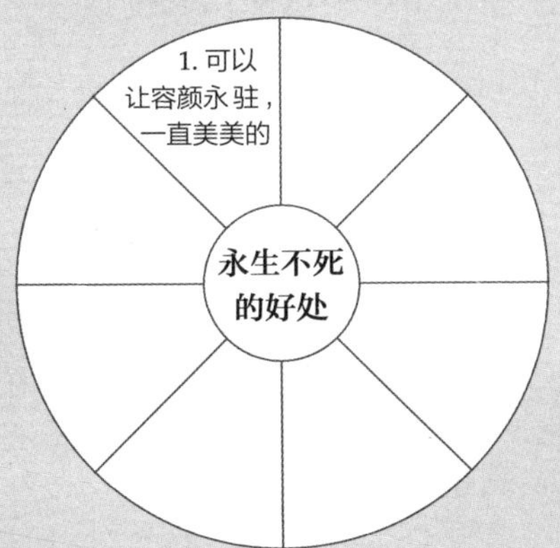

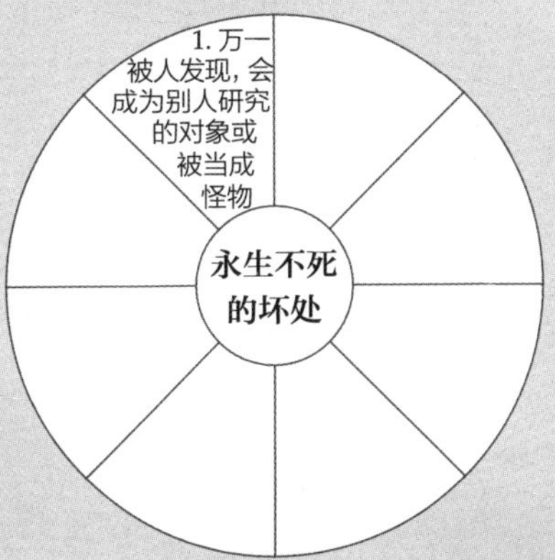

《不老泉》的作者绝对不满足于构想一个玄幻的故事，他是在借助故事思考关于生死的哲学问题。

这张阅读单就可以让我们进入这种哲学思考中。

这张阅读单让我们关注永生不死的坏处，这种关注是结合小说进行的。

小说一开始就描述了塔克一家了无生趣的样子。

塔克是这个家里的父亲，起床是懒洋洋的，还有什么值得惊奇的事情呢？妻子关切地问他："你没问题吧？"塔克说："我在这个世界上还能出什么事？"是的，这是一种让人啼笑皆非的幽默，隐隐有一种活够了的无奈。

梅是这个家庭中的母亲，现实中的女人是离不开镜子的，但梅却懒得照镜子，你想想 87 年一模一样，没有一点儿变化，想多个伤疤都不可能，还有什么可照的呢？

迈尔斯和杰西是这个家庭中的儿子。因为迈尔斯长生不老，他的妻子带着孩子离开了他，她们认为他把灵魂出卖给了魔鬼。英俊的杰西因为永远长着一张 17 岁的脸，连说话的同伴都没有。

还有一种叫责任的东西把他们压得够呛。他们想尽一切办法，守护这个秘密。你知道，87 年让秘密一直成为秘密，是多么艰难、痛苦的事。而且这种艰难、痛苦还要延续 870 年、8700 年，直到永远。

所以，在填写阅读单的过程中，我们会忍不住思考：永生不死是福分，还是无边的诅咒？我们会忍不住关注小说中一些意味深长的话。

生命就像轮子……不停转动，永不停歇。

青蛙是轮子的一部分……人也是这样。……一切就该这样运转。

死亡是轮子的一部分，就在新生的旁边。

人不能只活不死，所以我们这种生活不能算是活着。我们只是存在，就像路边的石头一样。

2. 具有引导性

很多作者会在作品的字里行间设置一些提示或暗示，读者可以循着这些提示或暗示揣摩作者的写作意图。

然而，孩子是初级读者，他们对作者所设置的提示或暗示不怎么敏感。所以，好的阅读单会引导孩子去关注这些提示或暗示。

《亲爱的汉修先生》

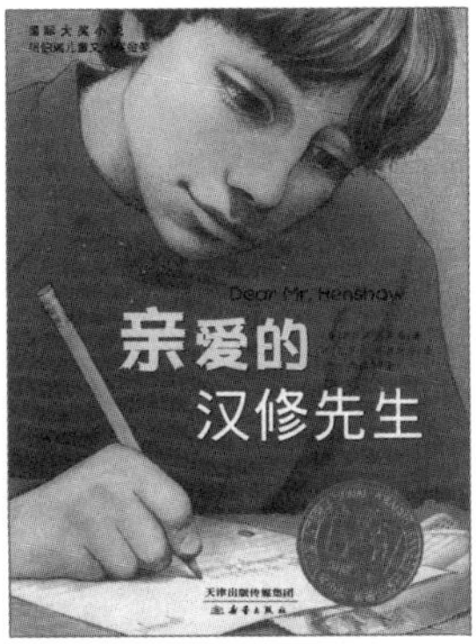

[美] 贝芙莉 · 克莱瑞 / 著
[美] 保罗 · 欧 · 泽林斯基 / 绘
柯倩华 / 译
新蕾出版社

《亲爱的汉修先生》是一部特别的小说，它是由一封封信和一篇篇日记组成的。

男孩鲍雷伊面临很多困境：父母离异、转学后不适应、孤独……他从二年级开始给自己喜欢的作家汉修先生写信，在信中，他尽情吐露自己的烦恼。通过和汉修先生的书信往来，鲍雷伊不但学会了应该如何面对生活，理解了父母无法共处的原因，体会到了父母对他的关爱，而且写作水平也提高了。

《亲爱的汉修先生》阅读单：署名的变化

鲍雷伊给汉修先生写了很多信，在信中他经常变化署名。他到底用了哪些署名呢？

请你找出来，按先后顺序抄写在下面的表格中。

1	2	3	4	5
6	7	8	9	10
11	12	13	14	15
16	17	18		

从署名的变化中，你发现了什么？

____

____

____

____

这张阅读单，非常直接地引导孩子们关注小说中书信的署名。

如果不引导，好多孩子在阅读时就不会注意这个细节，尽管这个细节是作者精心设计过的。

下面是一个小读者填写的阅读单。

1 您的明友 鲍雷伊（男孩）	2 您的朋友 鲍雷伊	3 您最棒的读者 鲍雷伊	4 您最喜欢的读者 鲍雷伊	5 学生 鲍雷伊
6 您的头号书迷 鲍雷伊	7 讨厌您的 鲍雷伊	8 鲍雷伊	9 筋疲力尽的读者 鲍雷伊	10 您以前的朋友 鲍雷伊
11 还在生气的 鲍雷伊	12 鲍雷伊	13 受够您的 鲍雷伊	14 疑惑的读者 鲍雷伊	15 感激您的朋友 鲍雷伊
16 您的好朋友 鲍雷伊一世	17 满怀期待的 鲍雷伊	18 您的朋友、 作家鲍雷伊		

这个小读者从署名的变化中发现——

1. 鲍雷伊写信时的署名和写信时的心情是一致的。

2. 第一个署名写了错别字，到最后自称作家，鲍雷伊的写作水平有了明显提高。

3. 鲍雷伊和汉修先生的感情越来越深厚。

…………

很显然，这张阅读单让阅读变得富有趣味性和探索性。

《风又三郎》

［日］宫泽贤治 / 著
宋刚 / 译
中信出版社

9月1日那天，山谷溪边的小学里转来了一个名叫三郎的怪孩子。他长着一头诡异的红发，穿着灰灰的、形状奇奇怪怪的、松松垮垮的上衣，白色的短裤，红色的小皮靴。最奇怪的是他的出现和消失总会伴随着风，哪怕是他开口一笑，也会山风四起……

风又三郎如同风一般潜进了大家心里，唤起了友情，也唤起了孩子们对未知的自然从陌生到熟悉的认识和感触。

《风又三郎》阅读单：寻找风里的秘密答案

在《风又三郎》这个童话里，风似乎隐含着很多秘密，循着风的线索，你发现风和风又三郎之间到底有什么关系？

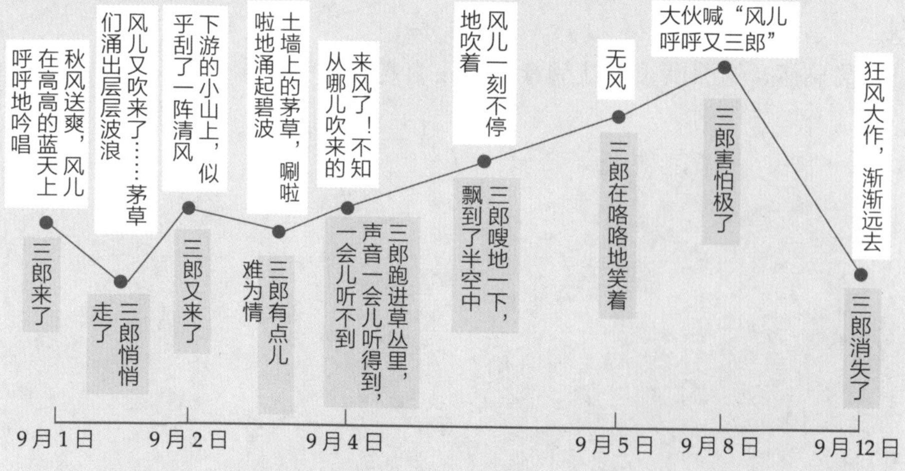

在宫泽贤治的这个童话里，风又三郎的身份像个谜，他到底是什么，到结尾也没表明。他总是有点儿怪怪的。

他的外貌很奇怪，他的头发火红火红的，他穿着灰灰的形状奇奇怪怪的松松垮垮的上衣、白色的短裤、红色的小皮靴，反正他长得非常古怪。

他每次出场或者消失时也怪怪的，都伴随着风。童话中有关风的词语出现了几十次，有的直接写风，有的通过听觉、视觉、触觉等来描写风。

通过这张阅读单的引导，我们对风进行研究，会发现风又三郎和风，似乎是一体的。他就像大自然的风之精灵，孩子们对他的态度就是人类对风的态度、对自然的态度。

在这个童话里，孩子们和风又三郎的相处，是那么融洽，他们玩到了一块儿。你可以说这个童话讲的是孩子们的游戏，是朋友的相处，是友谊。透过关于风的细节描写，你还可以发现隐含在这个童话背后的，是日本人的自然观，是他们对大自然的态度。

在这个童话里，风又三郎问一个叫耕助的孩子如果没有风会怎么样。在不断追问中，耕助似乎不再在意风给自己带来的伤害了，反而觉得没有风不行，所以风又三郎笑得不行，其他孩子也笑得不行。这个细节是很有意味的。

你能够深切感受到童话里的人物并不痛恨大自然，他们并没有把大自然放在自己的对立面，他们一直感激大自然对辛苦劳作者的馈赠，一直强调和大自然和谐相处。

假如你了解作者的写作背景，了解日本的地貌特点，你就会发现因为经常发生地震、台风，自然灾害不断，日本人对大自然是很敬畏的，他们更倾向于顺应自然。

通过阅读单的引导，我们可以从这个童话里感觉到风的背后作者的想法，原来宫泽贤治把自己的自然观融进了这个童话。

3. 具有形式上的鼓动性

一张阅读单可以训练孩子多方面的能力——整体感知、提取信息、推断解释、联结运用、评价鉴赏等。然而，如果在设计阅读单时，我们把这些训练设计成“学习任务”，孩子填写阅读单时，就像是在完成教师布置的阅读作业，那么阅读效果就会打折扣。

一张好的阅读单不仅能训练多种能力，还能开启孩子的阅读期待，激发孩子的阅读兴趣。因此，我们要努力设计有趣的阅读单：导语尽量生动一点儿，内容尽量有趣一点儿，形式尽量漂亮一点儿。

总之，我们要借助阅读单让阅读变得轻松而又有思维含量。例如，我们可以设计一个有意思的图形，加入一个有趣的阅读任务等来吸引孩子的目光，让阅读变得更加好玩。

《去年的树》

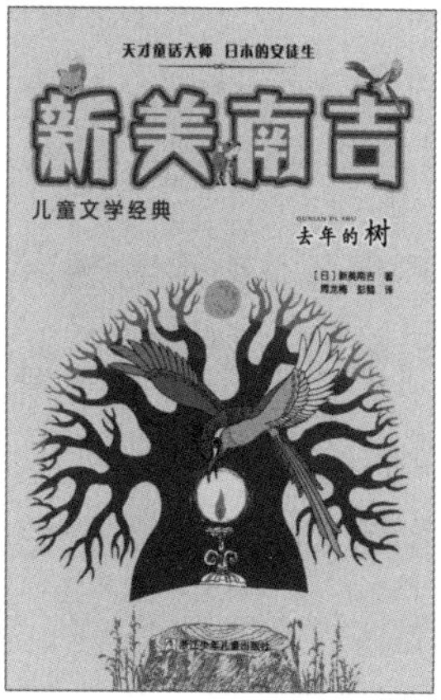

[日]新美南吉/著
周龙梅 彭懿/译
浙江少年儿童出版社

新美南吉被誉为“日本的安徒生”。新美南吉一生短暂，失去健康与生命的惶恐让他总是生活在悲观的情绪中。

可是，这个童话天才勤奋得让人心疼，仅仅童话，他就创作了123篇。他还尝试各种风格，一会儿凄美，一会儿活泼，一会儿浪漫，一会儿现实……他的代表作有《去年的树》《花木村和盗贼们》《小狐狸阿权》等。

《去年的树》阅读单：阅读比萨饼

新美南吉的童话，有时可以读出很多感受，例如《去年的树》。

请你选择新美南吉的一个童话，填写阅读比萨饼。

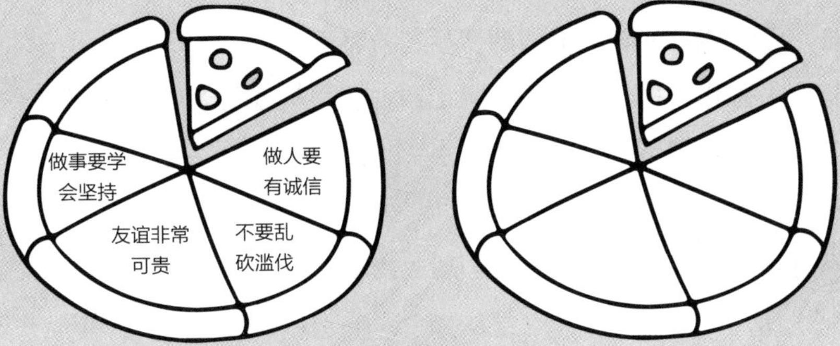

这张阅读单采用“比萨饼”呈现方式，小朋友看了会觉得新鲜有趣，填写的兴趣自然就随之增加。如果用那种传统的“问答式”呈现方式，小朋友就会多一些畏难情绪，会产生拒绝心态。如果小朋友认真填写这张阅读单，就会有许多新的发现。

在这个童话里，有人看到了“环保”。是啊，如果那棵树没被砍掉，他就一年一年枝繁叶茂，鸟儿就不会这样恐慌地寻找。

在这个童话里，有人看到了“分别”。童话里说鸟儿“必须”离开了，是“必须”，因为鸟儿不离开冬天会被冻死的。这个“必须”告诉我们，有时候，我们必须面对生活中的生离死别。

在这个童话里，有人看到了“友谊”。森林里有那么多树，鸟儿只唱给这棵树听。森林里有那么多鸟儿，树只听这只鸟儿唱歌。这是多好的朋友哇！有人说这对朋友可能是母子，也可能是恋人。

在这个童话里，有人看到了“坚持”。鸟儿坚信朋友还活着，不停地问，不停地寻找，她相信只要自己努力，朋友就可以永远在一起。

在这个童话里，有人看到了“诚信”。鸟儿最终对着灯火唱起了歌，唱的是去年的歌，唱的是诺言，唱的是约定。

还有人读出了什么呢？一个人说，一棵树变成了一团火，树的幸福就在这里面，这是树一生的盼望，茂密的树冠只能让几平方米获得绿荫，而树变成了火柴，就能点亮小女孩一生的道路。无数的灯火就会照亮无数人的道路，无数的人就能用他们的智慧装扮整个星球。

这个人是作家梅子涵。梅子涵老师心里可能在想：我最懂新美南吉。

其实每个人都可能会这样想。

这就是好的童话，虽然简短，但是它让那么多人读出了那么多想法，而且不断有人觉得只有自己读懂了新美南吉，读懂了《去年的树》。

《时代广场的蟋蟀》

[美] 乔治·塞尔登 / 著
[美] 盖斯·威廉姆斯 / 绘
傅湘雯 / 译
新蕾出版社

生活在康涅狄格州乡村的蟋蟀柴斯特，无意中来到了纽约最繁华的地方——时代广场。在大都市它无所适从，幸好认识了一些朋友，比如聪明又略带市侩气的老鼠塔克、憨厚的猫亨利、男孩玛利欧。很快，柴斯特的音乐天赋让它成为震惊整个纽约的演奏家，《纽约时报》大篇幅报道它，人们慕名围在报摊周围听它演奏，它的演唱会一票难求，人们为它痴迷疯狂。可是柴斯特一点儿也不开心，它一心想回到家乡……

《时代广场的蟋蟀》阅读单：主要情节

小提示：好的故事总是一波三折，扣人心弦。你能用一张曲线图来表现故事主要情节的发展吗？

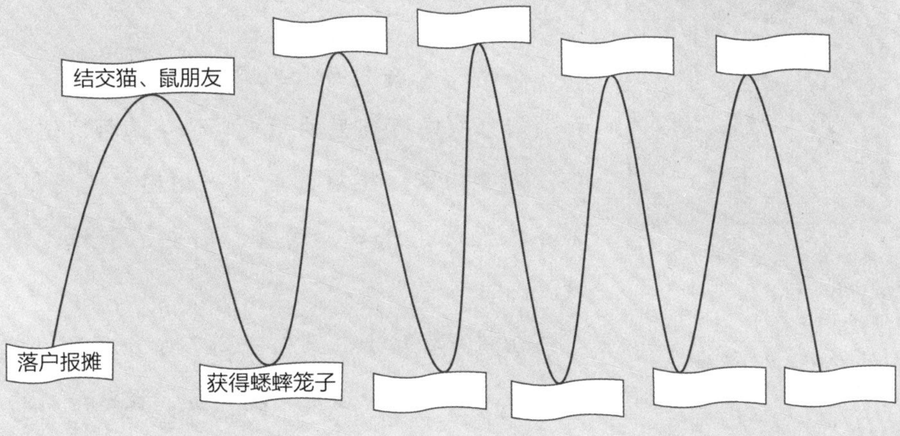

我们可以借助这样的阅读单梳理故事情节，理出故事线索，通过一波三折的情节感受故事的叙事节奏。

好玩的阅读单可以现出故事的“形”，透过故事情节发展图，孩子们很容易看到：原来故事是有变化的，故事是有快慢节奏的。

《灵犬莱西》

［美］埃里克·奈特 / 著
刘向伟 / 绘
胡婧 / 译
中国少年儿童出版社

这本书讲述了一条狗的故事。

莱西被卖给了卢道林公爵，可是她实在想念原来的主人山姆一家，她一次又一次偷偷跑回去。

后来，公爵和孙女搬到了遥远的苏格兰，和山姆家有四百英里的距离。但莱西再次逃走了，为了回家，她愿意面对一切困难：高山、深谷、荒原、烈日、雨雪、闪电、荆棘、饥饿、伤病……

在回家之路上，莱西遇到了许多凶恶、冷漠的人，如犬舍管理员、捕狗员、拦路抢劫的歹徒等，也遇到了许多有爱心的人，如老公爵的孙女普莉希拉、丹尼尔·法登夫妇等，好心人给予她许多切实的帮助。

《灵犬莱西》阅读单：长途跋涉的回家之旅

莱西从遥远的苏格兰回到英格兰的家里，一路上历经艰难险阻，饱尝酸甜苦辣。以下是莱西在回家途中的境遇，这些境遇并不是按先后顺序排列的，请你凭记忆将这些境遇按先后顺序填到下面的表格中。

然后，想一想，如果把这些境遇分成饥饿与疾病、人类的伤害或帮助、自然的阻碍三类，你觉得莱西遇到的哪一类最多？

◎ 受到河流阻挡。

◎ 又饿又渴。

◎ 发高烧。

◎ 受到雷雨的袭击。

◎ 遭到警察围堵。

◎ 受到苏格兰湖阻挡。

◎ 与小贩罗利同行。

◎ 被顽皮男孩追打。

◎ 在牲口棚边遭到其他狗的撕咬。

◎ 遇到一个年轻的女人给她水喝，给她剩饭吃。

◎ 在苏格兰村落遭到两个男人的追捕。

◎ 被捕狗员用捕狗网抓住后，受到他们虐打，并被送往宠物收容所。

◎ 在牧场被误认为是恶狗，遭人枪击，遭到两条狗追咬。

◎ 冒着风雪走过高原，来到英格兰，在学校门口等候乔。

◎ 濒临死亡时，农舍小屋里的老夫妇精心照料她，拯救了她，又还她自由。

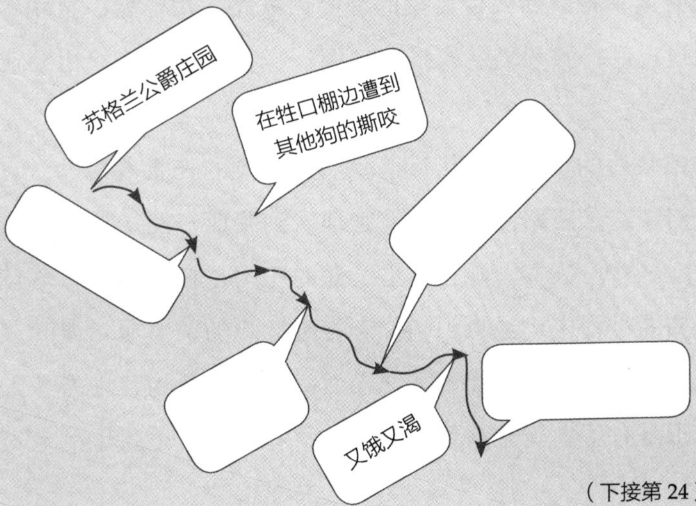

（下接第 24 页图）

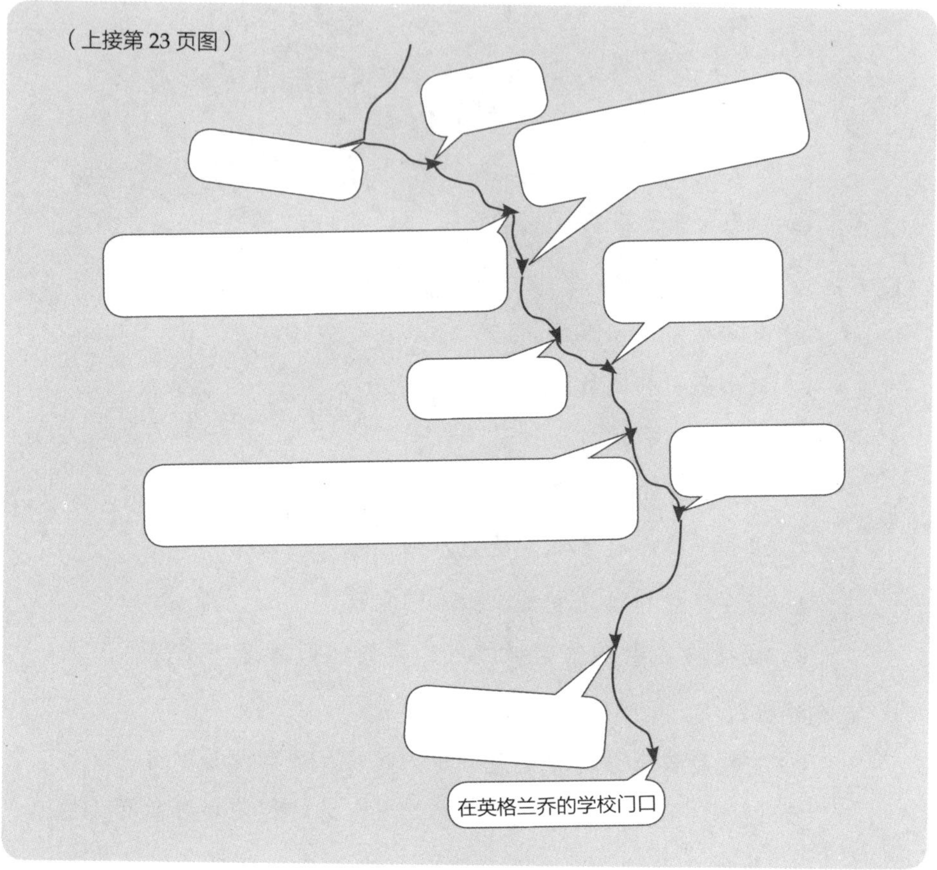

这张阅读单把莱西四百英里的漫漫回家路，用形象、直观的方式呈现出来。通过排序，孩子们就像描绘地图一样，在心里描绘出莱西这一路的经历。

如果把莱西的境遇分成饥饿与疾病、人类的伤害或帮助、自然的阻碍三类，我们在这张线路图中可以清楚地看到莱西一路上遭受到来自人类的伤害相对多一些。其实，她在逃出公爵的庄园，在苏格兰村落首次遭到两个男人追捕的过程中已经意识到，人类是危险的，要尽量避开人类。这使得莱西的回家之路变得更加艰辛。当然，也要一分为二地看待人类对莱西的态度，正是有了女孩普莉希拉的救助，有了农舍小屋里的老夫妇的精心照顾，有了罗利的一路相伴，莱西才能够生存下去，并回到老家。原来，这一路上，有关于怯懦和畏惧的故事，也有关于信任和关爱的故事。

这张阅读单就像故事地图，把小说里发生的事呈现在我们眼前，让我们一目了然。有时候，我们设计阅读单，还可以将形式做得更漂亮、有趣、形象一些，这样，孩子们阅读起来也就更好玩一些。

《少年 Pi 的奇幻漂流》

[加] 扬·马特尔 / 著
姚媛 / 译
译林出版社

少年 Pi 遭遇了海难，他的家人在海难中死去。之后他跟一条斑点鬣狗、一头受伤的斑马、一只猩猩和一头成年孟加拉虎待在一艘小救生艇里。在漂流的最初三天，鬣狗吃了斑马，咬死了猩猩，老虎又杀死了鬣狗。自知无法战胜老虎的 Pi 最终选择与它一起面对漂流生活……但是事情远没有那么简单，这部小说交织着对人与自然、宗教等的哲学思考。

《少年 Pi 的奇幻漂流》阅读单：孟加拉虎理查德和少年 Pi

理查德和 Pi 在茫茫大海中的一艘救生艇上共同度过了 227 天。请找一找在这段时间里理查德和 Pi 是怎样相处的，他们分别在哪里。试着在下面的图中标示出他们的位置，并写出原因。

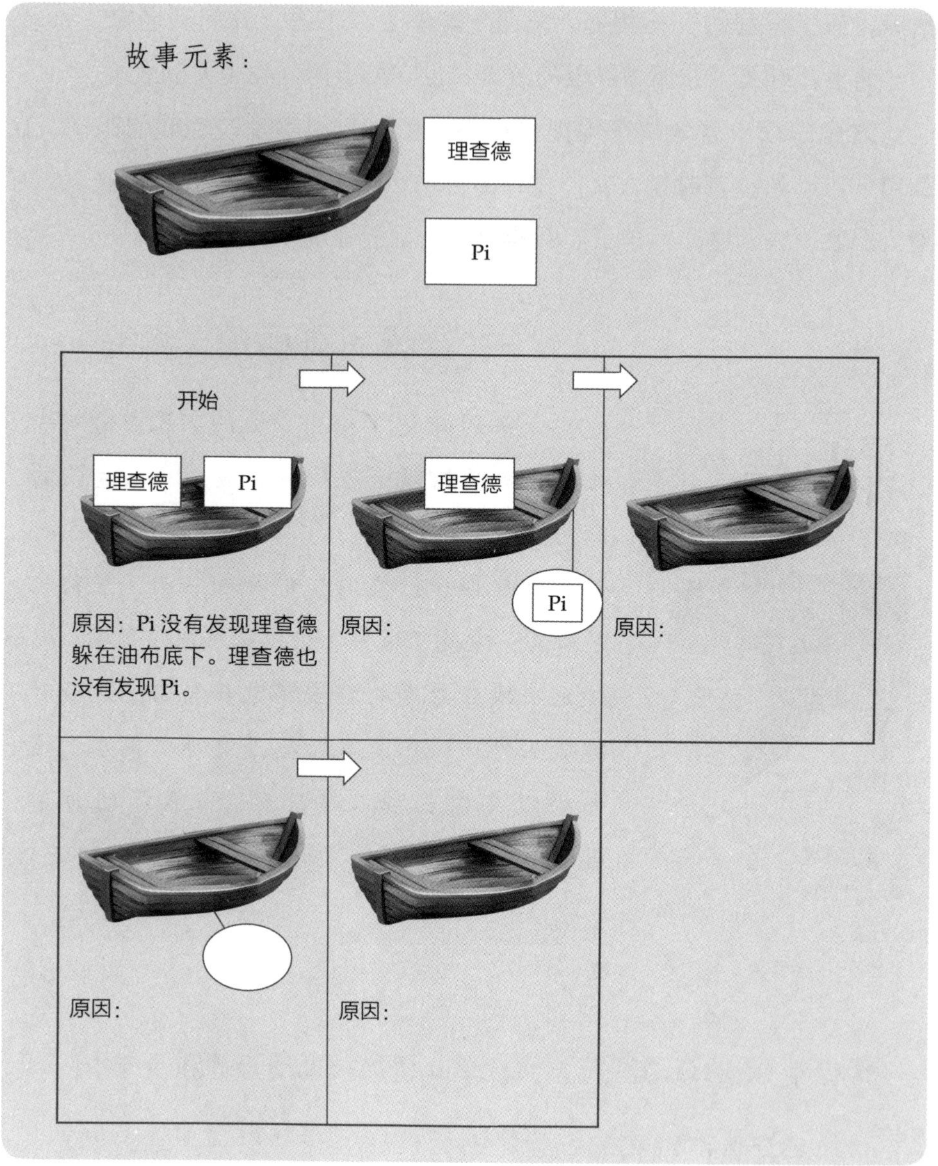

这张阅读单直观地呈现了这本书里重要的故事元素，那就是 Pi 和理查德的关系。当救生艇上只剩下 Pi 和理查德时，Pi 面临着生存的考验。而在诸多生存考验中，最严峻的便是如何与理查德相处。Pi 同理查德开始了斗智斗勇的生活，一开始他害怕和躲避理查德，后来慢慢开始试图与理查德沟通，他们从自圈领地到最终和平共处，并一同漂流到了墨西哥海岸边。

通过梳理 Pi 和理查德相处方式转变的原因，我们对他们的看法也在改变。正如 Pi 自己所说，虽然理查德是一只老虎，但是没有他，自己就不会有勇气走到最后。理查德给了 Pi 希望，同时也成为 Pi 在旅程中唯一也是最重要的伙伴。Pi 与理查德的经历，似乎在告诉我们：希望与困难总会如影随形，困难既代表危机，又代表机会，克服恐惧，战胜困难，最终会给我们带来新的希望。

4. 用选择降低难度

《5 月 35 日》

[德]埃里希·凯斯特纳/著
刘冬瑜/译
明天出版社

5 月 35 日这一天，男孩康拉德要完成一篇关于南太平洋的作文，在大黑马的帮助下，康拉德和叔叔林格尔胡特踏上了去南太平洋的路。

他们经过了懒人国、古城堡、颠倒世界、自动城，最后来到了南太平洋。

康拉德回到家后，根据自己去南太平洋的见闻，很快就写好了一篇作文。

《5 月 35 日》1931 年出版，后来被禁止了一段时间。很多人说，这部幻想小说充满了对现实的讽刺与批判。

《5 月 35 日》阅读单：荒诞引发的思考

《5 月 35 日》这本书看似不按常理出牌，有些荒诞，有些无厘头，但荒诞、无厘头的背后似乎还有什么是作者想要表达的，这就是杰出作家的高明之处。在故事中，康拉德去了四个奇怪的地方，每一个地方发生了什么事？你觉得作者在讽刺什么呢？

A. 讽刺现实社会中忙碌而缺乏想象力的人。

B. 讽刺家庭教育中父母不理解孩子、顽固不化、只会惩罚等错误的教育方式。

C. 讽刺那些只顾个人逞强，不顾他人，自以为是的“英雄主义”者。

D. 讽刺人类过于追求科技，最终导致无法控制，无法应对，从而带来灭顶之灾。

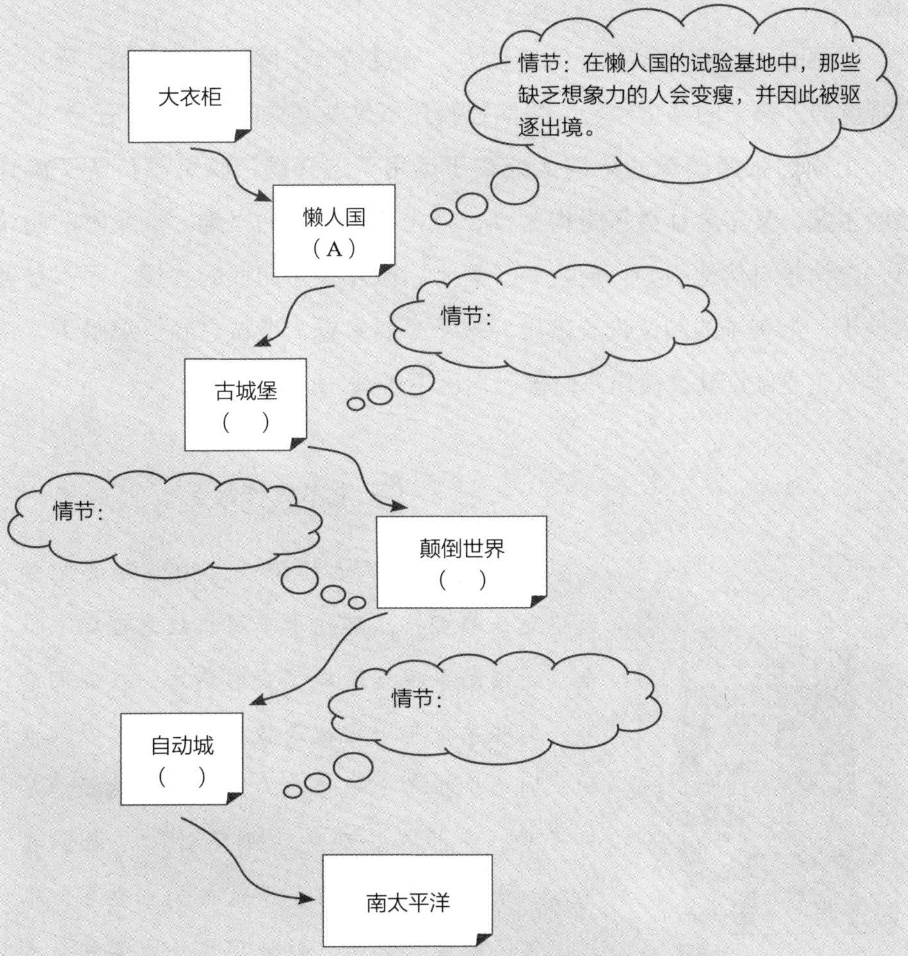

《5 月 35 日》是德国作家凯斯特纳的经典作品。

故事非常无厘头，男孩康拉德和叔叔林格尔胡特来到一些稀奇古怪的地方 —— 懒人国、古城堡、颠倒世界、自动城……

每一个地方“离奇”的背后，都隐含着作者对现实社会的讽刺和批评。

例如，颠倒世界讽刺现实生活中某些父母错误的教育方式，他们不理解孩子，顽固不化，会惩罚甚至虐待孩子。

例如，自动城讽刺人类过于追求科技，最终无法应对科技带来的各种问题。

你要孩子完全依靠自己的阅读力，透过情节了解作者的想法，无疑是有难度的。孩子的阅读经验、生活经验还不足以支撑他完成这个任务。

上面这张阅读单的特别之处在于运用了选择题，既引领孩子了解作品的主题，又不会让孩子觉得太难，打击孩子阅读的兴趣。一张好的阅读单，应该是自然地引导、启发孩子思考，激发孩子阅读的兴趣，而不是考倒孩子，给孩子的阅读设置障碍。孩子平时做题、考试已经够烧脑了，读一本书还要做难题，换作我们自己，也不乐意。

《手推车大作战》

[美] 简·梅里尔 / 著
李玉婷 / 译
晨光出版社

故事发生在不远的将来，2026 年的纽约道路越来越拥挤。那些卡车司机故意撞坏手推车，还诬陷手推车造成了交通堵塞，在他们看来，那些手推车小贩就是软柿子，是可以欺负的，因为手推车小贩势单力薄，收入低微，无权无势。手推车小贩呢，则不甘心，他们要生活，或者只是要生存。于是他们在委屈、难过、惶恐中联合起来，打算用勇气、智慧与卡车司机周旋、斗争，手推车大战由此开始。

《手推车大作战》阅读单：发生战争的原因

一般来说，战争发生的原因都是有冲突。下面是一些冲突产生的原因，请认真地读一读。你认为《手推车大作战》中发生战争的原因有哪些，打上✓，再综合说一说。

战争的诱因		选择你认为的诱因，并综合说一说。
信息不对称		
沟通不顺畅		
有人挑拨离间		
历史遗留问题		
切身利益受损		
争夺有限资源		
威胁权力、地位		
文化习俗上的差异		

一个城市里，以三巨头为主的卡车司机，以“手推车之王”为首的手推车小贩，为了争夺道路权起冲突了，爆发战争了。然后卡车司机撞坏手推车，手推车小贩用豌豆枪射击卡车轮胎。然后约谈、游行、会议、谈判，各种事件粉墨登场。

冲突是怎么产生的？这是一个值得研究的问题。

冲突产生的原因有很多。如果没有任何提示，孩子们总结出来的原因很可能就会流于表面。

这张阅读单通过设置选项提示了一些思考方向，帮助孩子们结合小说系统、深入地挖掘冲突产生的原因。当然，阅读单里的选项，例如“信息不对称”“争夺有限资源”“文化习俗上的差异”等对孩子们来说还只是一个概念，如果在他们填写阅读单前能结合例子加以解释，效果就会更好。

什么是“信息不对称”？例如，孙悟空和唐僧的矛盾就来源于此。孙悟空火眼金睛，唐僧肉眼凡胎。一个看到的是鬼怪，一个看到的是真人。一个抡棒便打，扫除妖魔；一个启唇念经，保护佛心。谁都没有错，只是信息不对称。

什么是“争夺有限资源”？例如，为了抢占石油资源，国家和国家之间发生了战争；为了抢夺干净的水，部落和部落之间、村庄和村庄之间有了摩擦；为了抢占一块运动场地，广场舞大妈和篮球小子之间也有了矛盾。

什么是“文化习俗上的差异”？例如，孩子喜欢朋克摇滚，喜欢这种音乐里的热情、直接和深刻，而老一辈则对这种音乐嗤之以鼻，认为是乱喊乱叫、乱蹦乱跳，于是冲突就产生了。

《一百条裙子》

［美］埃莉诺·埃斯特斯／著
［美］路易斯·斯洛博德金／绘
袁颖／译
新蕾出版社

旺达是一个波兰小女孩，没人注意她，无论是上学还是回家，她都是独来独往。同学们想起她，往往是因为她们没事可做，或者想找个人来捉弄一下。

突然有一天，旺达声称她家里有一百条各式各样的裙子。但没有人相信旺达，大家送给旺达的是无尽的讥讽、嘲笑。学期末，一个画画比赛让大家知道了旺达并没有“撒谎”，她在家里画了一百条裙子。

旺达一家因为周遭人们的奚落而远走他乡。旺达离开了，同学们忽然有些难过了。其实，大家没有我们想象中的那么坏。她们决定写信向旺达道歉，以求得她的原谅。

《一百条裙子》阅读单：结局大 PK

结局大 PK		
结局一： 玛蒂埃、佩琪写信道歉，旺达回信。	结局二： 玛蒂埃、佩琪写信道歉，可是她们并不知道旺达去了哪里，内疚、自责将跟随她们一辈子。	结局三： 玛蒂埃、佩琪写信道歉，但是旺达不原谅她们。
三个结局，你更喜欢 ________，至少写出三条理由。 1. ____________________ 2. ____________________ 3. ____________________ ____________________		

让孩子改写结局，确实更有开放性，一些有思想、写作能力强的孩子或许会给我们带来惊喜。

然而，这张阅读单是**让孩子选择喜欢的结局并说明原因，这在某种程度上缩小了孩子发挥的空间，但却保证了大部分孩子能领略到结局的经典处理方式，并把精力用在感受不同结局的优缺点上。**

例如，有人喜欢第一种结局，原因如下。

跟前文中旺达的性格匹配。
“喜剧”结局，读者更容易接受。
传达了积极的观点：勇于面对自己曾经犯下的错误。

有人喜欢第二种结局，原因如下。

更符合现实，更真实。

不完美的结局，让人印象更深刻，更能引发人的思考。

揭示了一个道理：经常伤害别人，最终伤害的是自己。

《小王子》

［法］圣埃克苏佩里／著
马振骋／译
人民文学出版社

住在B612号小行星上的小王子，因为和美丽、骄傲的玫瑰花闹了点儿矛盾，只身出走，游历了附近的六颗星球。小王子在这六颗星球上见到了形形色色的人物：嚷嚷着统治一切的国王，爱慕虚荣的人，浑浑噩噩的酒鬼，天天想着占有更多星星的商人，盲目忠于职守的点灯人，自命不凡、脱离实际的地理学家。

最后小王子来到地球上，遇到了小狐狸和飞行员，小王子在他们的帮助下能否回到B612号小行星，回到玫瑰花身边呢？

《小王子》阅读单：关于讽刺

《小王子》是一个童话，但不是一个普通意义上的童话。它充满了各种思考和隐喻，是一个所谓的哲理童话。从童话的开始到结束，圣埃克苏佩里都在讽刺大人。他用得最多的方法是象征，他写了六颗星球上的六个外星人以及他们各自离奇的行为，象征着大人的六种怪脾气。请你先按顺序将小王子遇到的人物填入表格的第一列，再想想他们分别象征什么样的人，将表格下面的文字说明填入恰当的地方。如果你还有自己新的感悟和看法，那就更棒啦！

遇到什么人	讽刺什么人	你的新感悟和新看法
1.		
2.		
3.		
4.		
5.		
6.		

作者在讽刺哪种人?

第一种人：认真、严谨，但总是说“我很忙”，眼里只有钱，认为钱可以买到快乐。

第二种人：骄傲自满，喜欢安排，喜欢指使，喜欢分派，喜欢命令，喜欢拥有权力的感觉。认为自己统治所有，掌管一切，事实上却徒有虚名。

第三种人：工作有责任心，一丝不苟，有奉献精神，但是只管做，只管执行命令，从不问为什么，从不想怎么样，缺失好奇心。

第四种人：忧郁，羞愧，害怕面对现实，总是为自己的懦弱找很多理由。

第五种人：知识渊博，看上去好像很有学问，好像什么都懂，什么都明白，但是，你没看见他们做成过什么事，你也没发现他们的生活过得多精彩，因为他们只会说不会做。

第六种人：爱虚荣，坚持要大家崇拜他，对别人的意见充耳不闻，他听见的只是一片赞扬声。

这张阅读单用选项告诉孩子们以下几点。

圣埃克苏佩里的讽刺是很有水平、很有方法的。在《小王子》中，他用得最多的方法是象征，他写了六颗星球，六颗星球上住着六个外星人，六个外星人的六种离奇行为象征着大人的六种怪脾气。

在一颗小行星上，小王子遇到了一个**国王**。小王子不喜欢国王。国王是小行星 325 号上仅有的居民。这个国王认为自己统治所有，掌管一切，他的权力必须被尊重。事实上，他徒有虚名，指挥不了太阳何时升何时落，甚至决定不了一只老鼠是走还是留，他只能让别人去做别人想做的事，他看到小王子想打哈欠了，于是他命令："我命令你打哈欠。"看出来了吧，国王享受的是下命令的感觉。难道你不觉得大人有时候就是这样的吗？明明弱小得只能左右自己，明明知道规律无法改变，但就是希望别人听他的话，围着他转；就是喜欢安排，喜欢指使，喜欢分派，喜欢命令，喜欢拥有权力的感觉。

在一颗小行星上，小王子遇到了一个**爱虚荣**的人。这个人希望所有人都崇拜他，只要有赞美就行，哪怕是叫小王子只是毫无意义地用两手对拍，他也可以乐此不疲地摘帽弯腰。对崇拜，他是这样理解的："'崇拜'就是承认我是星球上长相最俊、衣着最美、家财最富、头脑最灵的人。"事实上，这个星球上只有他一个人。所以他一见到小王子，老远就喊起来，他太渴望有人到来了。可是他却那么高傲自大，根本听不见别人的想法和意见，他听见的只是别人赞美的声音 —— 爱虚荣的人几乎都是这样的。

在一颗小行星上，小王子遇到了一个**酒鬼**。小王子问他为什么整天喝醉酒，酒鬼回答说是为了忘记让自己感到难为情的事。什么事让他感到难为情呢？就是他整天喝醉酒。这个"恶性循环"可真幽默。是的，喝酒可以让自己暂时忘记羞辱，可是别忘了，醒来以后更痛苦。把这句话稍加修改一下就是 —— 逃避可以让你暂时忘却羞辱，但懦弱的逃避会让你更痛苦。难道你不觉得大人有时候就是这样的吗？大人比小孩更善于逃避，他们其实害怕面对现实，总是会为自己的懦弱找很多理由：我年纪大了，我身体不好，我没有一个有钱的父亲，我长得不够漂亮，我天生不够聪明，我不喜欢……因此，就这样吧。你还不能说他们，因为他们是大人。

在一颗小行星上，小王子遇到了一个**商人**。商人坐在那里忙着数星星，他数得越多，拥有的星星就越多。拥有的星星越多，财富就越多。可是拥有那么多财富有什么用呢？他忙得没时间抬头，忙得没时间点烟，忙得没时间思考这些钱用来干什么。难道你不觉得大人有时候就是这样的吗？他们总是说“我很忙”，他们有很多正经事要做，他们的正经事就是赚钱，他们认为钱可以买到快乐。然而，大人们忘了，有时候停下来看看身边的人和事物，也可以感觉到温暖和快乐。可是，他们很难再想起这一点了，当你拉着他们的手，对他们说“陪我玩会儿吧”时，他们会很不耐烦地说：“我没空。”

在一颗星球上，小王子遇到了一个**点灯人**。点灯人这辈子所要做的事就是执行命令 —— 晚上点灯，早上熄灯。后来星球的转速变快了，日夜交替频繁了，点灯人要做的就是不停地点灯、熄灯，忙得连一秒钟的休息时间都没有。他从来没问过自己为什么要这样做。其实，在这颗既没有房屋又没有居民的星球上，点灯一点儿用处都没有。他从来没有想过随着情况的改变，点灯的策略也可以改变。其实，在这么小的星球上，只要走得慢一些，就永远是白天，什么时候点灯完全由他自己控制。然而，点灯人只管做，只管执行命令，从不问为什么。你不觉得大人有时候就是这样的吗？领导怎么说我就怎么做，伟人怎么说我就怎么做，书上怎么说我就怎么做，生活怎么说我就怎么做……这些大人在得到指示、命令之后，不像孩子喜欢问“为什么”，有时孩子问了，他们还会批评：“真烦人。”

在一颗星球上，小王子遇到了一个**地理学家**。地理学家看上去好像很有学问，他知道哪里有海洋、河流、城市、山和沙漠，但自己从来不去勘探，因为他认为那是勘探工作者的事。他建议小王子去访问地球，因为地球遐迩闻名。你不觉得有的大人就是这样的吗？什么话题他都可以插上嘴，别人有困难他总是有很好的建议。是的，这样的人好像什么都懂，什么都明白，但是，你没看见他们做成过什么事，你也没发现他们的生活过得多精彩，因为他们只会说不会做。他们喜欢看书、上百度，但天天只看书，最多会成为一个书橱；天天上百度，却百度不出真正的智慧。在风景照里看不到真正的风景，在故事书里过不出自己的人生。

这张阅读单比较好的地方在于设置了“你的新感悟和新看法”板块，体现了这种理念——我不放弃引导，但我更希望看到孩子写下自己的个性化感悟和看法。

“罗尔德·达尔作品典藏”

罗尔德·达尔 / 著
明天出版社

罗尔德·达尔的书一面世就争议不断。他写的故事让文学评论家们惊掉了下巴，他们吓坏了。他们认为达尔的故事粗俗，血腥，低级趣味。可孩子们呢，却疯狂地喜欢。达尔实在是太有趣、太特别了，他的故事荒诞，想象力丰富，而且故事中屎尿屁和各种粗俗的背后，全是文雅和温柔。

“罗尔德·达尔作品典藏”阅读单：发现罗尔德·达尔作品的写作特点

① 很多大人被塑造成反面角色，例如长得很难看、愚蠢、心肠歹毒。

② 最终，主人公过上了幸福的生活。

③ 描写非常夸张，有很多幽默的句子。

④ 故事荒诞、有趣。

⑤ 故事里的小孩可能长得不好看，但心地善良，诚实。

⑥ 故事里不回避脏话。

罗尔德·达尔的小说，有上面这些特点吗？有就打“√”，没有就打“×”。

	①	②	③	④	⑤	⑥
《好心眼儿巨人》						
《玛蒂尔达》						
《詹姆斯与大仙桃》						
《查理和巧克力工厂》						
《女巫》						
《了不起的狐狸爸爸》						

你还发现罗尔德·达尔小说创作上的其他特点了吗？

这张阅读单有这样几个特点：

（1）鼓励孩子进行群书阅读——一段时间里集中阅读一个作家的书。

（2）引导孩子总结一个作家写作的特点、风格。

（3）面向不同层次的读者——一部分读者只要验证已经提炼出来的罗尔德·达尔的小说的写作特点即可，一部分读者可以发表自己的观点。

设计这样的阅读单的难点在于，设计者自己得是一个比较厉害的读者，他要率先发现作家的写作特点，并且这些特点是经得起分析、推敲的。例如上面阅读单中的第一个选项——“很多大人被塑造成反面角色，例如长得很难看、愚蠢、心肠歹毒”，可以在达尔的很多作品中得到验证。

在《世界冠军丹尼》中，那个林场主黑泽尔先生，一张酒糟大脸，闪着油光，红得像火腿一样，你都懒得多看他一眼。

在《小乔治的神奇魔药》里，那个坏脾气的姥姥，牙齿发黄，小嘴缩起来，像一个狗屁股。

在《玛蒂尔达》里，那个爸爸一张老鼠脸，身上总是五颜六色的，领带不是黄的就是淡绿的，俗气得要命。他的工作是倒卖二手汽车，每天都是坑蒙拐骗。他经常对玛蒂尔达大喊：“你只是一个无知的小废物！”“给我闭上你的臭嘴！”他把玛蒂尔达读的书撕掉，扔到废纸篓里。玛蒂尔达的妈妈如果用四个字来形容，就是“浓妆艳抹”，她把头发染成淡金黄色，她是一个大块头，却喜欢穿紧身衣。他们总是一边吃晚饭一边看肥皂剧，妈妈还常去八英里外的城里玩赌博游戏。

达尔为什么要把一些大人写得这么丑？这可能和达尔的童年经历有关。达尔曾经说过，一些大人总是高高在上，指着你的鼻子对你说，永远不要争论，永远不要顶嘴，要永远守规矩，要永远照他们的话去做。这个时候你仰头看他们，你会发现他们长得真的是挺丑的。

5. 适当加以示范

《不老泉》

[美]娜塔莉·巴比特/著
吕明/译
二十一世纪出版社

塔克一家四口无意中喝了不老泉的泉水，于是他们一家“长生不老”了，哪怕他们拿枪对准自己的心脏开枪，或者吃下剧毒的蘑菇，他们也一点儿事都没有。为了守护这个秘密，不让别人发现他们的“特别之处”，他们像吉普赛人一样到处流浪，漫无目的地流浪。他们发现“永生不死”带给他们许多困惑、苦恼……他们也搞不清楚“永生不死”对他们来说究竟是一种福音，还是一种诅咒。

小女孩温妮无意中发现了这一切，她也有机会喝下这泉水，她会做出怎样的选择呢？

《不老泉》阅读单：寻找小说里的象征事物

孩子们，象征是小说中常用的手法，是用一个事物来代表或者暗示作者的一些想法或者抽象的事物。在《不老泉》中，作者也使用了象征手法，比如“黄西装男人”。

象征本体	黄西装男人
象征方式	在英语中黄色往往和妒忌、怯懦、卑鄙有关联
象征内容	作者把黄西装男人当作卑鄙、妒忌的代表，这也暗示着作者对塔克一家的支持

读完小说后，你有没有发现其他具有象征意义的事物呢？如果有，请根据你对小说的理解，把这个具有象征意义的事物填在表里，并把表格填写完整。

象征本体	
象征方式	
象征内容	

这张阅读单是想把孩子们引向文学意义上的探索——寻找小说里的象征事物。

例如，小说里经常提到“监狱”。“监狱”的意思就是禁锢、束缚。梅因为杀害了想侵占不老泉的黄西装男人，被关押在监狱里，但最终在温妮的帮助下，从窗户逃走了。小说最终想表达的是，“永生不死”才是一座真正的监狱。在时间的牢笼里，他们无处可逃，他们想死而不能。在“永生不死”这座监狱里，没有朋友，没有邻居，没有可以诉说内心愁苦的人。他们永远要躲藏，永远要逃避，永远要在时间的流里流浪。

怎么引导孩子？

用导语引导。阅读单的导语简洁，指向明确。

用“示例”引导。“黄西装男人”就起到了一种示范作用。

《孔子的故事》

李长之 / 著
二十一世纪出版社

《孔子的故事》有两个特点非常突出。一、这是一部严谨的历史人物传记，整本书只有7万多字，但脚注却多达240多条，引用的历史书有几十种之多。二、这是一部写给孩子看的历史人物传记，作者李长之用通俗而富有情感的笔法讲述了孔子上下求索的坎坷一生。全书截取了他一生中精彩的片段，以故事的形式进行深入浅出的讲解。

通过本书，我们可以发现孔子有十五岁便“志于学”的少年意气，有夹谷会齐时牛刀小试的喜悦，有见君王“好德不如好色”的悲叹，有率领众弟子奔波辗转如丧家犬的艰辛，有命悬一线却不改从容的气魄，有至死不渝追寻理想的执着。

《孔子的故事》阅读单：你认为孔子是伟人吗

读完书后，孩子们就“你认为孔子是伟人吗”这一话题展开了激烈的辩论。

我是正方辩手，我方的观点是：孔子是一位伟人。我方的理由如下。

1. 孔子是第一个把贵族所垄断的文化教育普及给一般人的人，让普通老百姓也能接受教育，这在当时是一个了不起的举措。

2. 孔子主张“仁”，反映了当时平民抬头的社会现实。同时他又主张维持等级制度的“礼”，这是他的思想中最光辉、最进步的一面。

我是反方辩手，我方的观点是：孔子不是一位伟人。我方的理由如下。

1. 孔子比较看重实际问题，他反对劳动教育。樊迟想跟孔子学种田、种蔬菜都遭到了孔子反对，他还说樊迟没有理想，居然想学这个。这反映了孔子非常轻视劳动人民。

2. 孔子在从政时主张：君王要像君王，臣子要像臣子，父亲要像父亲，儿子要像儿子。意思是要维持统治秩序，各人要按名分办事。可当犯上作乱的公山不狃请孔子帮忙时，孔子却心动了，这似乎有点儿自相矛盾。

孩子们，你同意哪一方的观点？（正方□　反方□）如果你也参加了这场辩论，你还会补充哪些理由？

首先，这张阅读单推出了一个很有意思的话题。

孔子是一位伟人，在我们的印象中这似乎是不容置疑的。如果连孔子都不是伟人，那谁还能被称作伟人呢？阅读单推出“你认为孔子是伟人吗”这个话题，并不是要把孔子拉下神坛，并不是想怀疑一切。这个话题是在提醒我们，不能无条件地盲信一个人的伟大，而要努力去了解一个人的思想和精神。

其次，这张阅读单也为辩论做了很好的示范。

这张阅读单提示孩子们，好的辩论要结合人物具体的言行，要联系时代背景。

有人觉得孔子算不上伟人，因为通过《孔子的故事》，他了解到孔子竟然认为人有阶层之分，而且在很多方面有些迷信，关于“命”他有太多矛盾的时候。孔子还非常轻视劳作，樊迟想向孔子学习种田，学习种蔬菜。换作现在，一个人想成为一个农业专家，想过农民的生活，是值得欣赏、鼓励、敬佩的，但孔子却直接骂樊迟下贱，骂得还挺难听。

有人觉得孔子是伟人，因为通过《孔子的故事》，他了解到早在春秋时期，孔子就提出了“仁义礼智信”的思想，这种思想渗入中国人的生活、文化中，甚至影响了世界。尽管孔子关心政治，热衷功名，也有过度提倡繁文缛节的倾向，但这种思想上的局限是时代决定的。

在这样的示范下，孩子们的辩论会朝“理性”和“有理有据”这个方向发展。

《铁丝网上的小花》

［意］格莱兹、英诺森提 / 著
［意］英诺森提 / 绘
代维 / 译
明天出版社

“二战”时期德国的一个小镇上，一个名叫罗斯·布兰奇的小女孩，很偶然地发现郊外的铁丝网后面关押着穿条纹睡衣的犹太人，他们一个个饿得瘦骨嶙峋。小女孩冒着生命危险给他们送去面包，最终倒在了罪恶的枪口下。

罗斯·布兰奇并不是完全虚构出来的一个人物，她确有其人，只不过不是一个人，而是一群人。“二战”期间，德国出现了一个秘密组织，成员几乎都是德国青年男女，他们专门拯救受纳粹迫害的犹太人，这个秘密组织叫“Die WeiBe Rose（德语）”，翻译成中文就是“白玫瑰”。

《铁丝网上的小花》阅读单：故事中的象征意义

绘本中，蕴含着许许多多的象征事物，作者借它们来含蓄地表达自己的意图，也是为了让孩子们在阅读时不那么直接地感受战争的残酷。

比如，《铁丝网上的小花》中有很多细节表现了法西斯对犹太人进行着惨无人道的压迫。

	可以从哪些地方看出来？
犹太人被压迫、残害，生活在黑暗中。	故事第 1 页写道："冬天来临了。"
	绘本的前半部分，色调都比较灰暗。
	前面部分的图画中一直没有出现过天空。
	小女孩头上有红色蝴蝶结。在她最后一次出门的时候，这个蝴蝶结突然不见了。
	铁丝网后面穿着条纹睡衣的犹太人，骨瘦如柴。
	最后一幅图中，原本拿在小女孩手中的那朵小花已在铁丝网上凋谢。

虽然小女孩布兰奇最终不幸倒在了罪恶的枪口下，但绘本的最后，似乎又让我们感受到战争胜利了，美好的生活即将到来。你可以从哪些地方看出来呢？

请你照着上面那张表格的样子，去书中找一找依据，写下来。

	可以从哪些地方看出来？
战争胜利了，美好的生活即将到来。	

阅读单的前半部分是一张已经填写好的表格。

这张表格让我们深切地感受到《铁丝网上的小花》的作者想用文学的方式告诉我们故事发生在"二战"期间，在那段时间里，纳粹疯狂压迫、残害犹太人。所谓文学的方式，就是让读者在具体的事物中感知那段历史——袖章、卡车、士兵、枪、标语、看不见的天空、铁丝网、枯萎的花……

是的，文学是具体的，文学是含蓄、迂回的。

有了这样的引导和示范，很多读者便能感受到绘本传达的希望。

希望在哪里？

希望在天空上。在绘本的最后，天空出现了，是蓝色的天空，蓝色的天空下是充满生机的草地 —— 世界鲜亮了。

希望在花上。铁丝网上的小花凋谢了，但铁丝网所在的草地上、土壤里，冒出了花蕾。鲜红的花蕾点缀着整个山坡，星星点点，好像再过一天就会漫山遍野怒放。

人世间永远存在善良和正义，光明终会到来。让大家看到希望，这是战争文学的使命所在。

《铁丝网上的小花》结尾这样写道：

“番红花终于从地下冒出了芽……”

“春天在歌唱。”

《星期天的巨人》

[奥]海因茨·雅尼施 / 著
[奥]苏珊娜·维西道恩 / 绘
孔杰 / 译
新蕾出版社

从美国回来的怪叔叔乔纳森每个星期天都要到马克斯家做客，他总是有许多奇思妙想，能给平凡的生活带来意想不到的变化：用两袋沙子复制一片戈壁沙漠，用粉笔开一场音乐会，用几顶破帽子和风玩赛跑的游戏……

每一个星期天，乔纳森叔叔都带来了惊喜、期待和欢声笑语，他是马克斯眼中的“星期天巨人”。然而，马克斯却惊讶地发现，原来“巨人”背后有一个不可思议的秘密……

《星期天的巨人》阅读单：游戏的意义

乔纳森叔叔的每一个游戏创意到底有什么意义呢？这个不安分的叔叔别样的生活方式和思维模式，为我们打开了一扇门，我们一起来看看“巨人”的秘密吧！

游戏名	游戏创意	游戏的意义
小人国		无论是孩子还是大人，都需要陪伴。
鸟巢	在家里用床垫、床单、旧衣服等搭一个相当漂亮、柔软的“鸟窝”，然后坐在舒适的“鸟窝”里，听着磁带里各种鸟儿的叫声。	放松后的大人，能够跟孩子打成一片，场面很温馨。
客厅里的沙漠	在客厅里铺上一层透明薄膜，然后把干沙子倒在上面，打开客厅里所有的灯，然后把家里所有的台灯都放在沙子周围并打开，让沙漠变得“热辣”起来。慢慢地，安静下来，想象空无一人的宁静，想象天空的遥远，想象伸手可及的星星。	
粉笔钢琴	用粉笔在地板上画一样自己喜欢、自己熟悉的乐器，然后用嘴模仿出乐器的声音。让每一个家庭成员都参与进来，开一场音乐会。	
和风赛跑		我们要走进大自然，呼吸新鲜空气，感受风的魅力，尽情玩耍。
深海潜水员	戴上潜水镜，想象家就是海底世界，想象自己看到了有三只眼睛、五个鱼鳍的银黑色的鱼，眼睛像灯泡的鱼，还有通体雪白的鳕鱼……	
杂物的起义		我们总是以自己的感受对待身边的人或物，如果你是一棵小草呢？
星期天巨人		

游戏名	游戏创意	游戏的意义
在“大海”上		
星期天之吻		
厨房里的小丑		用心准备的礼物，才能传递爱，哪怕空手去，也会有惊喜。
飞翔的杂技演员		耐心地倾听，郑重地表演，长时间地握手，亲吻，拥抱，欢笑……
星期天画家		

是的，乔纳森叔叔别样的生活方式和思维模式为马克斯，也为我们读者打开了一扇门。

乔纳森叔叔如此兴冲冲、充满创意地闯进马克斯的“星期天”，不仅仅是在介绍一些创意游戏，也是在分享一些生活理念。

出于这样的考虑，我们设计了上面这张阅读单。

原本，这张阅读单有 26 个空格需要孩子填写。

但是在“游戏创意”这一栏里，我们填写了四处；在“游戏的意义”这一栏里，我们填写了六处。

这样处理，**不仅减轻了孩子的工作量，更为孩子如何用精要的语言介绍游戏、如何准确地揭示游戏的意义做了良好的示范。**

好的阅读单，要兼顾各种水平的孩子！

第二章

抓住文本的特点设计阅读单

1. 抓住故事里的转折设计阅读单

《岗丘的野狗》(选自《孤岛野犬》)

[日] 椋鸠十 / 著
安伟邦 / 译
二十一世纪出版社

《岗丘的野狗》是《孤岛野犬》里的一个故事。

青年农民松吉将野狗阿卡带回家驯养，慢慢地他们建立了信任关系，成了朋友。后来，村子里常丢鸡、兔等家禽，村民怀疑是阿卡干的，就逼着松吉把阿卡杀了。松吉不忍心，村民就请了专门捕猎野狗的人来杀阿卡。松吉迫不得已向阿卡投毒。阿卡侥幸捡回一条命，回到了大山中。

《岗丘的野狗》阅读单一：故事里的转折

这个故事的前半部分是让人感到高兴的，因为长大了的野狗和人成为朋友是很难的，但故事里的松吉和野狗阿卡成了亲密无间的朋友。而这个故事的后半部分却让人感到很难过，松吉竟然向他的朋友投去了含有剧毒的食物。

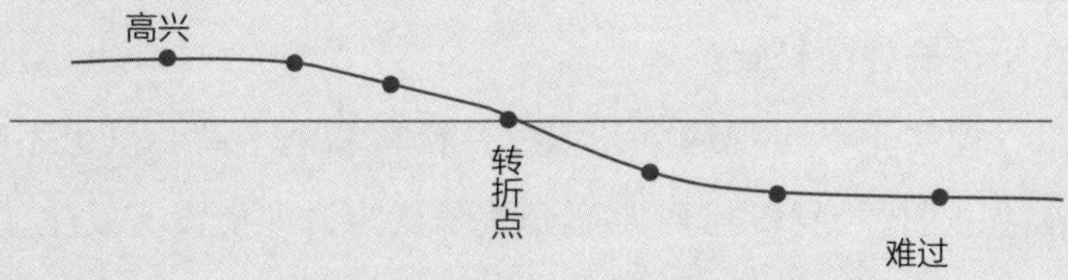

故事里发生了什么事，导致这个故事发生了“大逆转”？

____

____

《岗丘的野狗》阅读单二：他们的“幸福”

这个故事的转折点是山对面村子里的无赖汉引起的，这是否意味着如果没有这个无赖汉，松吉和阿卡就会永远幸福地生活在一起？

如果（即使）不出现这个无赖汉，松吉和阿卡就会（也不会）永远幸福地生活在一起。

↑

原因

这两张阅读单都是围绕故事里的转折设计的。

毫无疑问，这个故事的转折点是村子里丢了鸡、兔等家禽。

第二张阅读单，可以使孩子们迅速触摸到小说的“内核”，这样，他就不会总在小说的外围打转。

“如果（即使）不出现这个无赖汉，松吉和阿卡就会（也不会）永远幸福地生活在一起。”我没想到大部分孩子认为，即使没有发生偷窃事件，松吉和阿卡还是会分开。

一个孩子写道：“不管是人还是狗，总是要死的。死了，就分开了。人也是这样，人的长大就是一个‘分别’的过程：你在妈妈的肚子里孕育时，你们融合得那么紧密；然后你脱离娘胎，呱呱坠地；然后你蹒跚学步，挣脱妈妈的怀抱；然后你开始有自己的小房间；然后你外出求学；然后你成家立业；然后妈妈老了；然后总有一天要真正地分别……”

一个孩子写道：“阿卡毕竟是一条野狗，野性难泯。圈养的生活时间长了，它或许就会向往森林中独来独往的自由，友情的温暖很难敌过自由的吸引。”

一个孩子写道：“我认为阿卡和松吉肯定会分开。因为等阿卡到了成家的年纪，和一只雌野狗结婚后，他总得照顾妻儿吧，不可能总待在松吉身边。”

一个孩子写道：“如果松吉越来越穷，阿卡吃不饱，饥饿到无法忍受的时候，就很难保证阿卡不去劫掠村民饲养的鸡鸭。野狗本来就流浪于荒野，靠寻觅老鼠、野鸡等动物为生。”

一个孩子写道：“村里的人对阿卡有偏见，有成见，村民们随时都可能怀疑阿卡，比如村里的小孩被咬伤了，村里的栅栏破了，村里的人第一时间都会认为是阿卡干的。”

一个孩子写道：“松吉太懦弱了，懦弱是世界对胆小者最严酷的惩罚。在充满偏见的地方，懦弱的人根本守护不了自己的心爱之物。”

《疯羊血顶儿》

沈石溪 / 著
浙江少年儿童出版社

一只叫“血顶儿”的盘羊，在诞生之际就遭遇了母羊被狼群噬杀的惨剧。那一片血光成为“铸定式的印象与记忆”，永远笼罩在血顶儿的头上，改变了它作为盘羊与生俱来的软弱、温和的属性。它将生命中的大部分时间用于强制改变羊角生长的方向，痛苦而顽强地将本应盘曲的羊角，在石头缝里一点点扭转成向前生长的利角，而它忍受生理的痛苦、种族的歧视所要做的这一切，都只是为了一个信念：找杀戮母羊的黑母狼复仇！最后，血顶儿为了保护大家，用尽生命的力量和狼去对峙时，它的伙伴，那些漂亮的羊，却欺骗了它，把它遗弃了……

《疯羊血顶儿》阅读单：故事中的关键事件

盘羊的很多特点保证了它们的族群能够延续下去。但是，这本书里的奥古斯盘羊的数量却在短短的时间内迅速下降，从60多头降到30多头。为什么奥古斯盘羊的数量会在短时间内直线下降？其间发生了什么事？

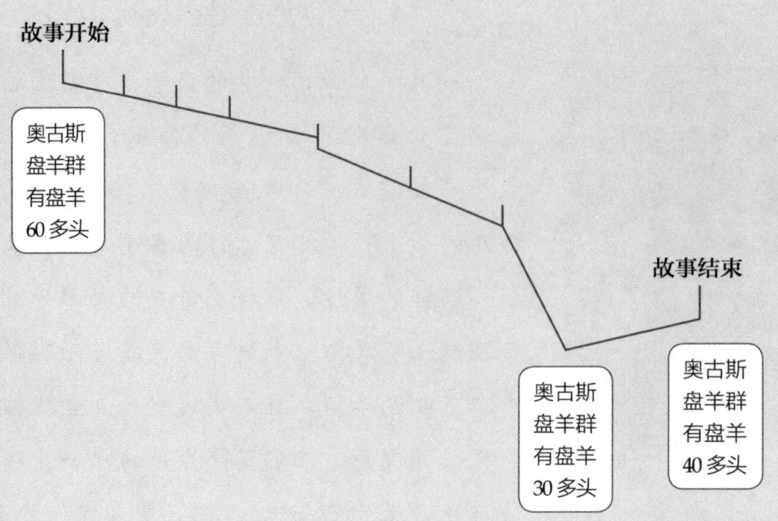

你认为导致奥古斯盘羊数量迅速下降的关键事件有哪些呢？

关键事件一：________________________________

关键事件二：________________________________

关键事件三：________________________________

____

____

这张阅读单也是围绕“故事里的转折”来设计的。

不过，**这张阅读单不是让孩子们找转折点，而是让他们分析发生转折的原因**。寻找导致盘羊数量迅速下降的关键事件，就是让孩子们思考既然盘羊有特定的生存本领，为什么它们的数量会在短时间内直线下降。

孩子们的思考能力很强。

一个孩子写道：“关键事件是血顶儿自己把羊角拉直了，并且挑杀了狼崽。原来狼为了果腹，每次只吃一只羊，不会威胁到羊群的生存。现在，血顶儿的行为引来了狼无休止的报复，狼疯狂地虐杀盘羊。”

一个孩子写道："关键事件是好多羊把羊角拉直磨尖了，因为这件事，羊这种战争型争偶动物在争偶的时候造成了很多公羊的死伤。"

一个孩子写道："关键事件是血顶儿眼睁睁地看着母亲被黑母狼杀害，这件事引发了后面一系列反常行动。"

2. 抓住人物的变化设计阅读单

《蓝色的海豚岛》

［美］斯·奥台尔 / 著
傅定邦 / 译
新蕾出版社

这是现代版的《鲁滨孙漂流记》。

海豚岛是太平洋上的孤岛，因形状像侧躺的海豚而得名。一群印第安人生活在这里，与世无争。

阿留申人的到来改变了一切，他们肆意捕杀海獭，甚至伤害和杀死岛上的印第安人。岛上的人们为了生存，只能选择背井离乡。小姑娘卡拉娜因为弟弟错过了登船时间而回去找他，之后弟弟被野狗咬死，她开始了孤独而漫长（长达十八年）的荒岛生活。卡拉娜在岛上独自修建住所，制造武器捕鱼狩猎，与野狗斗争……在求生的过程中，卡拉娜的心态、想法也在悄悄发生变化。

《蓝色的海豚岛》阅读单：卡拉娜的变化

一个人在荒岛上生活，要面对的困难实在太多，衣食住行，还有野兽的攻击、孤独的侵袭，任何一项都是致命的。卡拉娜要活下来，就必须依靠自己的知识、勇气、智慧一一克服这些困难。这部小说跟所有荒岛生存故事一样完整地展现了主人公卡拉娜克服困难的过程。所有看过《蓝色的海豚岛》的读者都会隐隐感觉到，卡拉娜在与困难斗争的过程中，内心的想法前后发生了巨大的变化。下面这张阅读单就是为了让你注意这种变化，从而去思考这个故事背后的东西。

卡拉娜原来的想法	卡拉娜后来的想法	为什么会发生这样的变化（重点回答其中一种变化发生的原因）
憎恨野狗，想杀死所有野狗为弟弟报仇	把野狗当作朋友，把所有动物当作朋友	
不喜欢打扮，看到姐姐在脸上画“标记”，觉得这是愚蠢的事		
总喜欢到海边去张望，期盼有路过的船只把自己接走		
严格遵守卡拉斯－阿特的法律——禁止部落里的妇女制造武器，到有可能找到武器的地方去寻找武器		
…………		

这张阅读单就是用来引导孩子关注小说主人公卡拉娜前后的变化。

例如，卡拉娜开始特别憎恨野狗，发誓要杀死所有野狗为弟弟报仇，后来她把所有动物都当作了朋友。

例如，卡拉娜变得更爱美了，以前姐姐在脸上画两条标记，卡拉娜觉得这是愚蠢的做法，后来她也在脸上画了两条标记，而且给自己做了耳环、鸬鹚裙。

例如，卡拉娜以前比较依赖他人，后来学会自力更生了。

例如，卡拉娜以前总要到海边去看白人的船有没有回来，期盼他们来把自己接走。但是一天一天过去了，她渐渐觉得不应该把希望完全寄托在别人身上，应该为自己的生活做打算。

例如，卡拉娜开始一心想离开海豚岛，可当她可以离开时，却有些恋恋不舍。

这张阅读单还用来引导孩子分析卡拉娜前后发生变化的原因。

事实上，人物行为的一些变化，往往是因为人物观念发生变化而引起的。对小说中人物观念的变化的分析是分析小说很好的切入点。

《威斯汀游戏》

[美] 埃伦·拉斯金 / 著
李鸥 / 译
新蕾出版社

威斯汀是个超级富豪，一天他被“谋杀”了。他似乎早就预感到自己会被谋害，所以早早立了一份遗嘱，他把遗嘱寄给了 16 个和他有关系的人，遗嘱里说，谁先找到凶手，谁就能继承一大笔遗产。

就这样，16 个继承人开始了“威斯汀游戏”——抓住杀害威斯汀的凶手。到最后，他们才发现这一切都是威斯汀预先安排的，他要让这些人在“破案”游戏中体会到爱，思考生活的意义。确实，刚开始的时候，这些人或者性格有缺陷，或者心理有障碍，或者微笑里有隐秘的哀伤，但游戏之后，每一个人或多或少都有了改变。

《威斯汀游戏》阅读单：游戏前后

威斯汀游戏之前	格雷丝太太：自认为是室内设计师，虚荣，霸道，不喜欢小女儿特图尔	安琪拉：	特图尔：沉迷于股票，经常踢人，连妈妈都不喜欢她	孙玲·胡：不会说英语，沉默少言，特别想念故乡中国，还是特别的“小偷”			……
威斯汀游戏之后	成为连锁餐厅老板，懂得爱，谈起小女儿时满面春风	有了主见，生活幸福，成为外科康复医生		会说简单的英语，交到了很多朋友，终于去了一趟故乡——中国			……

通过梳理，我知道（　　　　）发生变化的原因：____________

____

这张阅读单是用来引导孩子发现小说中人物的变化的。

这是一部披着悬疑外衣的成长小说。作家似乎更想强调一点——小说里的每一个人在威斯汀设置的游戏里都得到了历练和成长。这部小说中人物较多，主角有16个人，这16个人最后都成长了。

例如，安琪拉是一个漂亮、温柔的女孩，她是在妈妈按部就班的安排下一步步往前生活的，包括谈恋爱、结婚。但她内心拒绝这种包办，她柔顺的外表下有一颗叛逆的心，谁都不会想到那几桩爆炸案是她策划的。后来，安琪拉发展得非常好，成了一个外科康复医生。

特图尔呢，也是个“问题女孩”：她沉迷于股票，动不动就假装牙痛，经常踢人，连妈妈都不喜欢她。后来，特图尔做了律师和法律顾问，继承了威斯汀家族的事业。

克里斯·西奥多拉齐斯，腿有残疾，只能坐在轮椅上，身体的缺陷让他极其敏感、自卑。后来，他成了一个鸟类专家、大学教授，有一种鹦鹉还是以他的名字命名的。

小说中的每一个人前后都有显著的变化。

他们为什么会有这样的变化？思考这个问题，就是研究作者的创作意图。

《马蒂和三个天大的谎言》

［德］萨拉·瑙拉 / 著
王泰智　沈惠珠 / 译
新蕾出版社

爸爸说他们要去瑞士了，要住大别墅了，十一岁的马蒂信以为真，立刻把这个消息写进作文，并在课堂上高声朗读了。可是马蒂很快就知道了这是爸爸的一个谎言，而他却不愿意告诉别人真相，只好不断地用新的谎言掩盖这一谎言，最后马蒂对家人说他们家中了大奖，把一家人骗到了芬兰。他们没有钱，没有车，更没有房子。他们如何才能渡过难关呢？

《马蒂和三个天大的谎言》阅读单：改变的原因

马蒂一家最后真的到了芬兰，住上了别墅。这梦幻般的一切，是从谎言开始的。似乎可以得出一个结论——谎言改善了马蒂一家的生活。可真的是这样吗？你能从马蒂妈妈和爸爸的变化中，发现让马蒂一家发生变化的真正原因吗？

人物	改变前	改变后	改变马蒂一家的关键因素
妈妈	总爱抱怨		
爸爸	虽然日子过得很难，但只是掩饰，不做改变；虽然有想法，但不敢尝试，只是整天躲在房间里设计手机游戏。还有点儿虚荣，喜欢对尤西伯伯吹牛		

《马蒂和三个天大的谎言》会给人一种错觉：马蒂一家的生活确实越来越好，他们到了芬兰，住上了别墅，而这梦幻般的一切，却是从谎言开始的。我们似乎可以得出一个结论：谎言改善了马蒂一家的生活。

是这样的吗？

其实，谎言只是把马蒂一家逼到了“绝境”——爸爸、妈妈没了工作，马蒂和弟弟休了学，等待他们的是生活上的窘迫。我们有句古话叫“置之死地而后生”。在“绝境”中，马蒂一家终于有了变化。

马蒂的妈妈变了。以前她总爱抱怨，从家里抱怨到工作单位，从上司抱怨到同事，从德国抱怨到芬兰……在大家陷入“绝境”的时候，妈妈不抱怨了，因为她发现抱怨好像没什么用，什么事情都没有因为自己的抱怨而有所改变。她开始努力学习芬兰语，目的就是找到一份新的工作。

马蒂的爸爸改变了。以前他过于虚荣，也过于自闭，虽然日子过得艰难，但他只想掩饰；虽然有想法，但不敢尝试。现在他明白了该向别人求助的时候，要发出请求。因为尤西伯伯一家的帮助，他们在芬兰开始了新的生活。爸爸之前一直坚持自己的兴趣，此时，这种坚持发挥作用了，他在芬兰找到了一份工作。

马蒂的谎言，实际上是一个导火索。这本书真正想告诉我们的是，如果想改变我们的生活，放正心态，不指责，不抱怨，是很重要的；不过于虚荣，实实在在地努力，也是非常重要的。从现在开始不断地努力，这才是真正改变马蒂一家的关键。

这张阅读单用来引导孩子关注小说中人物的变化，借此去感受小说所传达的真义。

《豆蔻镇的居民和强盗》

[挪]托比扬·埃格纳/著
叶君健/译
湖南少年儿童出版社

豆蔻镇上有三个强盗，他们不爱干净，懒得要死，傻乎乎的。他们常常夜里到镇上的面包房和香肠店去偷东西，他们偷电车，甚至把熟睡中的苏菲姑姑连人带床搬回家当管家婆。

可是苏菲姑姑，以及警察等镇上的其他人像亲人、朋友那样对待这三个强盗。在友好和善良面前，强盗们改变了。一次，镇上的塔失火了，他们爬塔救火立了功。三个强盗成了英雄……

《豆蔻镇的居民和强盗》阅读单：三个强盗的改变

原来的样子	后来的样子
邋里邋遢、不爱干净 常常吵架、脾气差 好吃懒做、以偷盗为生	干净整洁、热爱生活 富有爱心、冒着生命危险救杜比雅的小狗和鹦鹉 自食其力、有了属于自己的职业、为他人服务

哪些事让三个强盗有了改变

这张阅读单聚焦三个强盗的变化。

它可以让孩子们静下心来思考是什么让三个强盗发生了这么大的变化。

于是，孩子们开始关注苏菲姑姑，她被三个强盗偷去了，却并不特别生气，只是命令强盗们打扫卫生，还打算叫他们刨土、种菜，想把他们变成好人。

于是，孩子们开始关注警察，他把三个强盗抓进监狱，结果监狱里阳光充足，有舒服的床铺、大块大块的牛肉、55 条青鱼，他的妻子还给了他们肥皂、梳子、刷子等，让他们成为漂亮的人。

于是，孩子们开始关注那些居民，在为狮子募捐的音乐会上，这些居民给予三个强盗震耳欲聋的掌声，还凑到了 15 元 5 角充当狮子的伙食费。

于是，孩子们开始关注智慧老人，关注这位老人居住的那座塔。塔着火了，三个强盗奋不顾身地救出了老人的小狗和鹦鹉，从而成为英雄。

围绕这张阅读单的讨论，可以让孩子们慢慢明白 —— 在友好和善良面前，没有坏人。

3. 抓住故事里的矛盾设计阅读单

《毛毛》

[德] 米切尔·恩德 / 著
杨武能 / 译
二十一世纪出版社

毛毛，一个样子看起来有点儿奇怪的小女孩，不知道来自哪里，年龄也是个谜，最大的优点是善于倾听。一次，这个衣衫褴褛的小女孩无意中发现了一个秘密：一群狡猾、贪婪的“灰先生”要偷窃人类的时间，被偷了时间的人们生活越来越忙碌，生活节奏越来越快。于是，毛毛和她的朋友老贝波、吉吉一起展开了拯救全城人的冒险行动……

《毛毛》阅读单：关于时间

"未来属于节省时间的人！"
—— 灰先生

"时间即（是）金钱 —— 所以要节省！" —— 灰先生

灰先生为了骗人们把时间存进时间银行经常这样说，所以人们工作节奏越来越快，生活越来越忙碌，越来越没有幸福感。

◇ 荒废时间等于荒废生命。
—— 川端康成

◇ 时间就像海绵里的水，只要愿挤，总还是有的。 —— 鲁迅

◇ 时间是由分秒积成的，善于利用零星时间的人，才会做出更大的成绩来。 —— 华罗庚

◇ 有时我想，要是人们把活着的每一天都看作是生命的最后一天该有多好哇！这就更能显出生命的价值。 —— 海伦·凯勒

◇ 消磨时间者，亦必消磨事业。
—— 福布斯

读了这个故事，我们发现灰先生说"未来属于节省时间的人""时间即（是）金钱 —— 所以要节省"有不可告人的目的，人们不一定要听这样的话。可是在现实生活中，很多名人也说过类似的格言。你怎么看待这种矛盾呢？

这张阅读单是围绕关于时间的矛盾看法来设计的。

生活中有许多希望大家“节约时间”的名人名言，而这部幻想小说似乎在提醒我们要放慢节奏。

这张阅读单引发了孩子们的深度思考。

有的说：“现在的生活节奏太快了，竞争太激烈了，你不努力，可能就要被这个社会淘汰。”

有的说：“快节奏生活给人们带来金钱（丰厚的物质回报）的同时，也让人们感觉精神越来越疲惫，乐趣越来越少，身体越来越差。”

有的说：“慢并不是做事不讲效率，并不是选择懒惰，而是在生活的快与慢之间寻求一种平衡。”

有的说：“像鲁迅、像华罗庚，他们总是超负荷工作，陪伴亲人、拜访友人的时间很少，但他们是在做自己特别喜欢的事，做自己觉得有意义的事，他们这样努力工作不完全是为了金钱，或者追求毫无意义的名利。”

…………

围绕阅读单的讨论逐步深入，内容涉及如何面对和处理个人生活中的“快”和“慢”、“进取”和“闲暇”等。

4. 抓住表达特点设计阅读单

《安徒生童话全集》

［丹麦］安徒生／著
任溶溶／译
浙江少年儿童出版社

《小人鱼》《丑小鸭》《卖火柴的小女孩》《拇指姑娘》《海的女儿》……安徒生带给我们太多经典童话。安徒生的每一个童话都不一样，但又有某些相似之处，例如，主人公总是显得羞怯、自卑、孤独，努力想融入群体；主人公总是遇到很多磨难，比如亲人的离去、贫穷、周围人的讽刺；主人公最终总是选择包容和原谅……

安徒生是“世界儿童文学的太阳”，他的作品跨越时代，抚慰了无数心灵。

《安徒生童话全集》阅读单：童话里有“生活”的影子

很多人觉得，安徒生的很多童话里都有他自己“生活”的影子。填写下面的表格，看看是不是这样。

安徒生的生平	你觉得安徒生的哪些童话，反映了这一点呢
安徒生的父亲是个穷鞋匠，在安徒生 11 岁的时候病故；母亲是个用人，后来改嫁。安徒生从小就为贫困所折磨，先后在几家店铺里做学徒，童年时期没有受过正规教育。	
安徒生从小就幻想当一名歌唱家、演员或剧作家。1819 年在哥本哈根皇家剧院当了一名小配角。后因嗓子变声，失去原有嗓音而被解雇。从此开始学习写作，但他写的剧本完全不适宜演出，没有为剧院所采用。	
安徒生的妈妈是一个质朴的女人 —— 虽然不美，但很耐劳，很容易相信一切，尤其相信上帝。	
安徒生当时所处的社会，统治者贪婪、虚荣、愚蠢，无限制地剥削劳动人民。	
安徒生也曾追求过真爱，不过几次恋爱都没成功，他多次在日记和书信中说过“由于我长得丑并且将永远贫穷，谁也不会愿意嫁给我”。	
安徒生将自己毕生的精力都耗费在了童话上，最终成为享誉世界的童话大师。	

安徒生童话里的很多主人公和别人都不太一样。

《丑小鸭》里的丑小鸭和别的鸭子不太一样：毛灰灰的，嘴巴大大的，身子瘦瘦的。说白了，他比别人丑。丑到什么程度呢？丑到哥哥姐姐咬他，小鸡啄他，连喂鸡鸭的女佣都讨厌他。丑小鸭感到非常孤单，就飞过篱笆，离开了家。

《海的女儿》里住在海底的小公主和别人不太一样。她不像她的姐姐们很开心地当着公主，觉得在海底生活三百年是再好不过的事。小公主是个有怪癖的孩子，她不善言谈，总是有心事，总在默默地思考。

《坚定的锡兵》里的哈迪和其他玩具锡兵不太一样，他只有一条腿，就因为铸造他时锡不够了，他和大家待在同一个黑暗无趣的大盒子里，敏感而多情。

安徒生的很多童话告诉我们，这个世界有真与假，有美与丑，有健康与残疾，有富贵与贫穷……

在这种不公平里，在这种不对等里，有的人就显得羞怯、孤独、自卑、敏感、愤怒。

是的，羞怯、孤独、自卑……安徒生捕捉到了这些跨越种族和时代、人类所共有的细腻情感。

其实不是捕捉，他自己就是那样的人。

他给朋友的书信中时常会有这样的话语："由于我长得丑并且将永远贫穷，谁也不会愿意嫁给我"。"如果我长得漂亮，或者有钱，又有一小间像样的办公室，那我就会结婚成家。"你看出来了吗？丑小鸭、海的女儿、锡兵身上都有他自己的影子。

在《丑小鸭》里，丑小鸭努力地想融入一个又一个群体。他想把步子走得漂亮一点儿，让大家把他看作一只正常的鸭子。他想和大雁为伴，当猎狗追咬大雁而避开他的时候，他甚至有些遗憾。他想努力生出一个蛋，这样那间简陋的农家小屋的主人就会收留他，他就可以有一个家。最后，当他看到一群美丽的天鹅在空中飞的时候，他就梦想像他们那样美丽，然后和他们生活在一起……

在《海的女儿》里，小人鱼多么向往人间，那里地上的花儿有香气，森林是绿色的，"鱼"能在枝叶间唱歌。在月光下、在沙滩上，小人鱼一次次凝望着大城市里星星点点的灯光，聆听着音乐、闹声以及马车和人的声音，还有教堂的钟声。她多么希望能成为一个人，她多么渴望能获得人的灵魂。

在《坚定的锡兵》里，小小的独脚的锡兵坚定地爱上了住在城堡模型中的舞女。那舞女将自己的一只脚高高抬起，就因为舞女看上去同他一样只有一只脚，独脚锡兵便深深地爱上了舞女。尽管小妖精劝他：不要指望不属于你的东西。但他还是坚持着，又有谁能肯定这个世界上到底什么才是真正属于自己的？说到底，锡兵是不甘心。

其实，安徒生何尝不想融入他向往的生活中！**终其一生，安徒生都是一个极其敏感又自卑的人**。像许多出身寒门，受尽旁人冷眼，但颇有些天赋的人一样，他总是非常希望获得别人的认可。特别是在文坛初露头角时，他也做过讨好同时代名人的事。说到底，他想从社会底层摆脱出来。

在《丑小鸭》里，丑小鸭有数不清的迫害者，鸭子啄他，小鸡啄他，用人踢他，野雁不让他和他们通婚。

在《海的女儿》里，小人鱼为了能和自己所爱的陆地上的王子在一起，用自己美妙的嗓音和三百年的生命换来了巫婆的药酒，于是，她有了一双美丽的脚，但她每走一步就像走在碎玻璃上一样疼痛。是的，小人鱼放弃了太多，她不仅放弃了自己华美、富有的家园，放弃了爱着自己的亲人，放弃了人鱼本该有的三百年寿命，还放弃了自己最美妙的声音和回归的可能。

在《坚定的锡兵》里，小小的锡兵和舞女的爱情并不顺利，受到了严峻的考验。他有一段旅程，险象环生。他从三楼掉到了一楼的街上，被两个孩子放到一条用报纸折成的船上在水沟里“航行”，然后被鱼吞进肚子里……最后玩火自焚般地热烈燃烧自己的身体和灵魂。

其实，安徒生的一生也不顺利。

在临终前不久，安徒生曾对一位年轻作家说：“我为自己的童话付出了巨大的，甚至可以说是无可估量的代价。为了童话，我拒绝了自己的幸福，并且错过了这样的一段时间，那时，尽管想象是怎样有力、如何光辉，它还是应该让位给现实的。”

在现实中，贫穷、孤独、亲人的离去、周围人的讽刺……安徒生都不陌生。

安徒生成年后靠写作挣取稿费为生，经济上并不宽裕，每次出游都需要靠一段时间的省吃俭用来获得经费。他像一个欧洲大地上的漫游者，在幻想与现实交织的世界里寻找灵感，他的许多作品正是在颠簸的旅途中写成的。长途旅行是安徒生逃离现实最为依赖的方式，他在路上排解忧愁，疗愈内心。

这张阅读单可以引导孩子理解作家的生活经历会影响其创作，因此，很多时候我们可以通过了解作家的生平解读其作品。

《渡过雪原》

[日] 宫泽贤治 / 著
周龙梅　彭懿 / 译
浙江少年儿童出版社

读宫泽贤治的故事时，你会发现它们总会带着一些自然又神秘的味道。宫泽贤治天生对自然充满了好奇心与想象力，他把自己对人生、自然、生活的探索和思考融入了童话中。

例如，《渡过雪原》里那个雪冻得比大理石还要坚硬的日子，四郎和康子两兄妹走过雪原去参加小白狐狸举办的幻灯会；《奥斯倍尔与大象》里那头闯入人类世界的大象和人之间的善与恶不断复现；《山梨》里那富有哲理的两张幻灯片……

这些故事可以唤醒我们内心的美和善，故事里的某些东西可以成为我们纯净的精神食粮。

《渡过雪原》阅读单：故事里的反复

我们阅读反复结构的故事时，可以用图来梳理情节。就像阅读《小壁虎借尾巴》时用图来梳理故事里的反复那样，也可以选择一种图来梳理《渡过雪原》中《奥斯倍尔与大象》故事里的反复。

《小壁虎借尾巴》里的反复如下。

阅读《奥斯倍尔与大象》时，可以选择下图梳理故事里的反复。

(1)

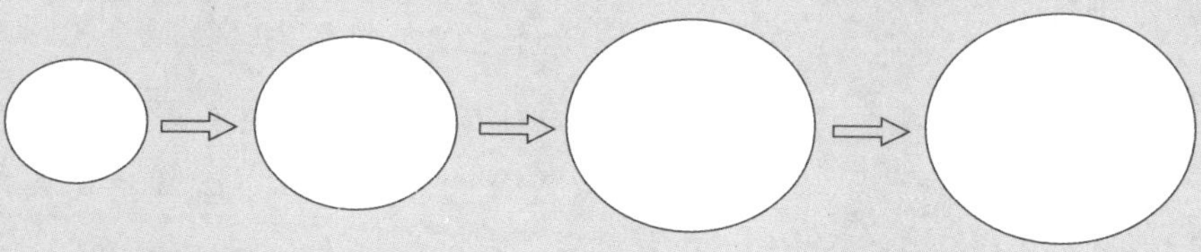

(2)

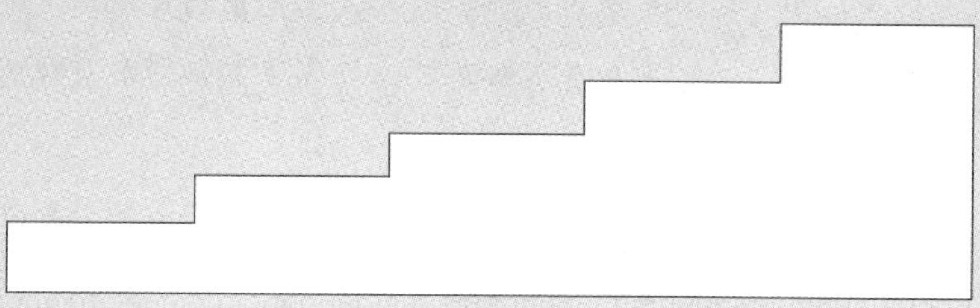

这张阅读单是围绕童话故事中最常见、最经典的结构——反复结构来设计的。

可以让孩子们根据故事情节画结构图，然后通过对几篇同样是反复结构的童话的比较阅读，了解反复结构的基本特点。比如，对这本童话集中的《好脾气的火山弹》《奥斯倍尔与大象》和我们熟悉的《小壁虎借尾巴》进行比较阅读，就会有很多发现。

有孩子发现，有的反复结构的故事，反复的情节先后顺序是可以调换的，比如，《小壁虎借尾巴》调换了情节发展的顺序，故事一样可以继续发展。而《好脾气的火山弹》和《奥斯倍尔与大象》是不能调换情节发展的顺序的。能调换顺序的是并列关系的反复结构，不能调换顺序的是递进关系的反复结构。

有孩子发现，递进关系的反复结构是有变化的，比如《奥斯倍尔与大象》。奥斯倍尔对大象的要求越来越苛刻，大象干的活一次比一次多，吃的稻草却一次比一次少。由此我们可以知道反复的情节里的数量、欲望、困难、价值、期望等会随着情节的反复而递增或者递减。

有孩子发现，除了情节的反复外，有时还有环境的反复、语言的反复、动作的反复，这些反复可以让故事有丰富的变化。

有孩子发现，童话的反复结构，一般反复三到四次，比如，小壁虎借了三次尾巴；好脾气的火山弹被四类伙伴嘲笑；《奥斯倍尔与大象》的故事中列举了三个星期日发生的类似的事情……这些反复是不会一直进行下去的，否则故事就太啰唆了，人们就不太喜欢看了，大家总希望快点儿看到故事的结局。

有孩子发现，有的反复结构的故事结局忽然来了个大反转，让人意想不到，有时还蕴含着深刻的道理。原来作家创编故事不仅是为了好玩、有趣，更是为了表达一些想法。

还有孩子发现，反复是有关联的，有时是为了矛盾冲突的集中爆发积蓄力量，比如《奥斯倍尔与大象》里奥斯倍尔对待大象的态度的反复；有时是为了使人物性格更加丰满，比如奥斯倍尔的吝啬和大象的任劳任怨形象就是在反复的动作、语言、神态里呈现出来的；有时是为了进行善恶、美丑的对比，比如《好脾气的火山弹》里火山弹和嘲笑他的伙伴之间的对比等。这些反复推动了情节的发展，丰富了故事的内容。

当然，我们还可以利用梳理出来的反复结构仿写故事。我们需要做的是，确定一种反复关系，设置三四次情节反复，想出一个耐人寻味的结尾，再加个题目。相信故事一定会很精彩。

《狗来了》

［奥］克里斯蒂娜·涅斯特林格／著
［德］尤塔·鲍尔／绘
杨立／译
新蕾出版社

有一条狗想："也许在辽阔的世界上还有什么在等待着我……"

狗来到一个餐馆，当了保安，当得很成功。

狗到了剧院，帮助一头猪成了明星。

狗到了学校，成为很受欢迎的教师。

狗生病了，在医院痊愈。

狗变成一位养父，照顾三十只猫。

狗看着熊参与政治，竞选议员。

最后，狗觉得家其实也是这个世界的一部分，于是回家了。

作者凭借一条狗荒诞离奇的经历，对教育、医疗制度、政治展开了批评。

《狗来了》阅读单：仿写讽刺故事

《狗来了》是一本糖葫芦式结构的书，以狗为主人公，写了一连串狗在旅行路上发生的故事，并借助这些故事讽刺现实生活中的某些现象。你能根据书中故事的特点再添补一个故事吗？

糖葫芦式结构

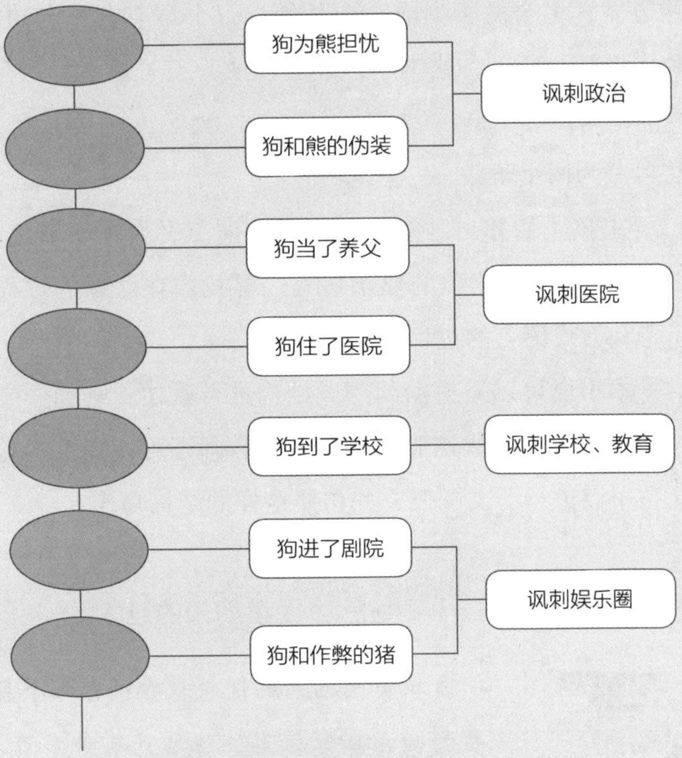

怎样写好这个故事（以《狗到了学校》为例）

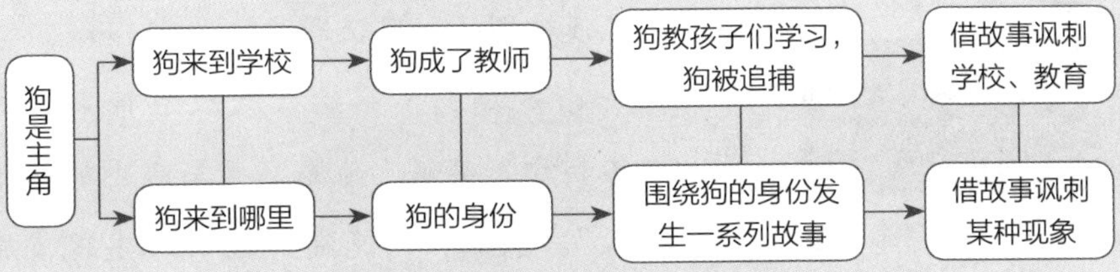

《狗来了》是一本幻想讽刺小说，虽为幻想小说，但因为其讽刺主题，更适合五年级及以上的学生阅读。布局谋篇的能力正是五六年级习作教学的重点和难点。**这张阅读单的设计，目的是让孩子们了解故事的结构，学**

写讽刺故事。比如，《狗来了》这本小说，采用了糖葫芦式结构，以狗为主人公，写了一连串狗在旅行路上发生的故事。其实，很多儿童小说都有这样的结构方式：多个故事串成一个长篇，每个章节有一定的内在联系，但又可以独立成篇。所以，这本小说还可以成为孩子们学习用糖葫芦式结构谋篇布局的范本。

仿写可以分为两个阶段。

第一，要求孩子们找出各章节之间的共同点（内在联系），寻找写作的“密码”，然后按照阅读单的要求仿写。寻找内在联系的过程，其实就是孩子们思考和习得语言的过程。

第二，一本小说可以采用糖葫芦式结构进行叙述，一篇作文也可以采用这样的结构方式。在完成这张阅读单后，教师还可以提供多篇类似结构的文章，让孩子们进行群文阅读，并仿照这样的结构写作。

《星期天的巨人》

［奥］海因茨·雅尼施／著
［奥］苏珊娜·维西道恩／绘
孔杰／译
新蕾出版社

从美国回来的怪叔叔乔纳森每个星期天都要到马克斯家做客，他总是有许多奇思妙想，能给平凡的生活带来意想不到的变化：用两袋沙子复制一片戈壁沙漠，用粉笔开一场音乐会，用几顶破帽子和风玩赛跑的游戏……

每一个星期天，乔纳森叔叔都带来了惊喜、期待和欢声笑语，他是马克斯眼中的“星期天巨人”。然而，马克斯却惊讶地发现，原来“巨人”背后有一个不可思议的秘密……

《星期天的巨人》阅读单：新章节的提纲

这本书是典型的糖葫芦式结构的小说，每个章节都是一个有趣的故事、一个有创意的游戏，“星期天巨人”让每一个星期天都充满了童趣与爱，让每个人都沉浸在与亲人互动的快乐中，让大家在一次次的惊喜中成长。你能按照这样的章节安排重新创作一个章节吗？我们先试着写一个提纲吧！

创作建议：

1. 先确定一个有创意的游戏。（取个好听的名字吧！）

2. 安排章节结构。下面是表格式的提纲安排，你还可以用思维导图式的、条文式的……

结构 提纲	作者的构思 （以“鸟巢”为例）	你的构思 名字：________
乔纳森叔叔的拜访方式	“背着两个大旅行袋站在门口”	
“我”的迎接方式	“帮他把两个旅行袋拿到前厅”	
游戏规则	用“旧床单、动物的毛、夹克，还有大树枝、小树枝和一捆干草”在卧室里搭一个鸟巢	
爸爸对游戏的态度	“‘救命啊！’爸爸喊道”	
妈妈对游戏的态度	倒在鸟巢中间，裙子被鸡蛋黏液弄脏，但很享受鸟巢的温暖	
游戏时全家的状态	四个人坐在鸟巢里听鸟儿们的啁啾声，“我”在中间爬来爬去给大人们喂饼干	
爸爸、妈妈的改变	爸爸不再严肃，妈妈开始接受叔叔的游戏	

《星期天的巨人》这本书最大的特色就是乔纳森叔叔每个星期天带来的那些新奇有趣的游戏：小人国、鸟巢、客厅里的沙漠、粉笔钢琴、和风赛跑、深海潜水员……

光看这些游戏的名称，我们的好奇心就会不停地冒泡：什么是小人国？小人国里有哪些人？粉笔钢琴是什么样的？客厅里怎么会有沙漠？……

这些游戏就分布在书中各个章节里，每个章节基本上是并列的。十几个章节介绍了诸如开发想象空间、感受大自然、培养逻辑思维、另类过家家、手工操作、善待家中物品等许多游戏。

这张阅读单就是依据各章节的共同点来设计的，让孩子重新创作一个章节，想象一个特别的星期天。在这个星期天，乔纳森叔叔带来了什么意想不到的礼物，或者有什么让人大跌眼镜的建议，这就完全看孩子的“编剧”能力了。

还可以让孩子依据阅读单前面两栏的提示，重读这本书的各个章节，他们会发现各个章节之间是有“相似之处”的，这本书是有“写作规律”的。阅读单前面两栏的提示就是每个章节的写作结构。在阅读单的帮助下，孩子可以更快地了解故事的构思、故事的创意所在。其实，这样的创作过程也是在帮助孩子进行设计构思，逐渐学会设计写作框架。

孩子的创意是无限的，只要我们不加以限制，任他们天马行空地想象，他们就将带给我们无穷的惊喜。

《手推车大作战》

［美］简·梅里尔 / 著
李玉婷 / 译
晨光出版社

故事发生在不远的将来，2026 年的纽约道路越来越拥挤。那些卡车司机故意撞坏手推车，还诬陷手推车造成了交通堵塞，在他们看来，那些手推车小贩就是软柿子，是可以欺负的，因为手推车小贩势单力薄，收入低微，无权无势。手推车小贩呢，则不甘心，他们要生活，或者只是要生存。于是他们在委屈、难过、惶恐中联合起来，打算用勇气、智慧与卡车司机周旋、斗争，手推车大战由此开始。

《手推车大作战》阅读单：写法大作战

《手推车大作战》这本书一开始就告诉你它是虚构的，纽约大学教授雷曼·康柏利的推荐序写作日期是 2036 年 12 月 2 日。但是当你读进去的时候，就会发现，它加入了各种类型的文本，让你读起来感觉非常真实。

文本类型	概括描述
电话黄页	为了表现卡车之多，第 12 ～ 14 页列举了以字母 P 开头的条目的一小部分。里面出现的豌豆、钢琴凳、酸黄瓜桶、爆米花机、大头针、手推车零件等，在后面的故事中都出现了。
演说稿	
日记摘抄	

文本类型	概括描述
警察审问笔录	
一次会议速记	
信件	
高中数学教材	

读《手推车大作战》，你是不是会产生一种错觉，会觉得这是一个历史事件，是真实发生过的，就在那个叫作纽约的城市里？是的，这本书最大的特点就是——一本正经地虚构。

我们通过这张阅读单，梳理出了各种各样在生活中常见，在课本里却不常出现的各种文体——电话黄页、会议速记、审问笔录、日记、竞选演说稿、读者来信等。同时作者还用了很多真实的地名，例如纽约、汤普金斯广场公园等。这个事件，让你忍不住信以为真，仿佛刚刚发生过，从而忽略了它是发生在 2026 年。

这些生活中常见的文体，虚构得非常真实，而且非常认真。在梳理中，大家会有各种各样的发现，比如，前面有感谢卡，后面出来一个纽约大学教授，他还写了一本书——《历史的大事物理论》专门来讲这个事情，他还专门给本书写了推荐序，一本正经地。

孩子们对书中涉及的不同文体进行梳理，就能从中发现不同的表达特点。比如，那篇花生酱演说稿，孩子们在梳理时有了很多发现。

有人说："这篇演说稿说的是花生酱的事。花生酱与人们的生活密切相关，生活中不能没有花生酱，所以很多人会支持这个演说。”

有人说：“这篇演说稿提了两个问题，都是自问自答，用的是设问的方式。”

有人说：“我觉得这篇演说稿里说的东西，一环扣一环。”

有人补充说：“事实上，大都市既需要大商业，也需要小商业；既需要大卡车，也需要其他交通运输工具；有人会买 400 箱花生酱，也有人会买 14 箱花生酱。所以，‘大卡车是进步的象征’这个观点并不是完全正确的。”

有人说：“我们可以发现，库德市长在演说中，完全是向着对自己有利的方向来推理的。按照这样的逻辑推理方式，每个人都可以推理出有利于自己一方的结论。”

还有人从其他文体中发现了很多东西，比如，从安娜将军和监狱里的“手推车之王”马克西相互传递的纸条中，从警察局局长审讯马克西的口供中，发现了文字的“言外之意”，发现了谎言背后的真情等。

一本书里一下子出现这么多不一样的文体，你是不是觉得特好玩？作者就是这样一本正经地虚构了这么一个有趣、精彩的战争故事。这让我们知道，原来小说还可以这样写，还可以这样一本正经地虚构。

《罗伯特的三次报复行动》

［法］让－克劳德·穆莱瓦／著
梅思繁／译
新蕾出版社

罗伯特老师刚一退休，就迫不及待地拿出学生名册，开始自己酝酿了 37 年的报复计划。

罗伯特老师想报复的学生太多了，最终他选择了三个。罗伯特的每一次报复都计划周密，且充满了让人意想不到的笑料：勒康的餐馆被闹得天翻地覆；吉约姐妹的美容院开张仪式被一堆垃圾搅乱；第三次报复行动的对象是已经成为歌星的马赛克毛毛……但最终罗伯特被她的经历和真诚所感动，以温暖和宽容原谅了曾经恶作剧的学生。

《罗伯特的三次报复行动》阅读单：故事元素图

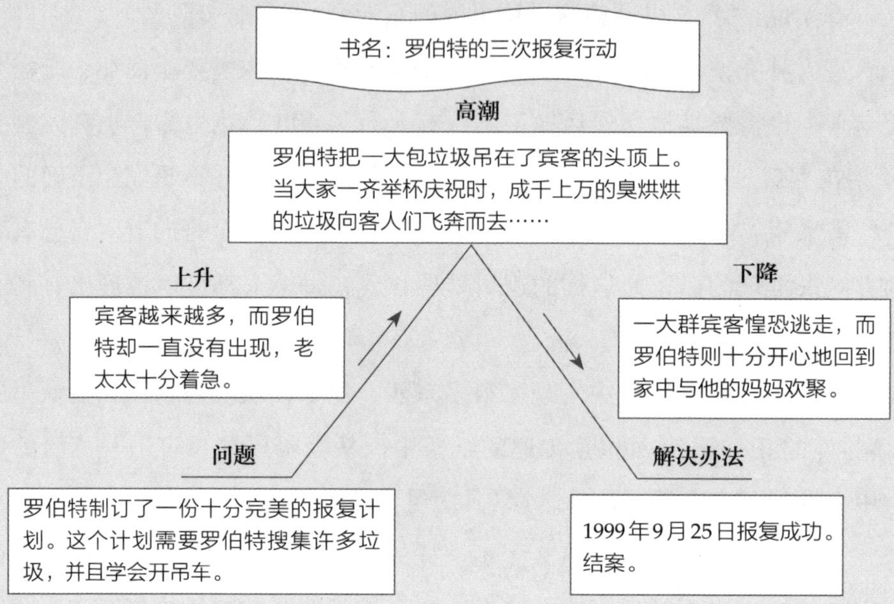

我们依据阅读单去探寻故事的元素，会发现，一个精彩的故事是有波折的，一个精彩的故事是有高潮的。在《罗伯特的三次报复行动》中，每一次报复都有高潮，它们精彩得让人想尖叫。

通过梳理阅读单，我们会发现一个精彩故事的高潮不会来得太快。首先是故事的开始，然后慢慢上升，就是故事的发展，然后高潮降临。高潮之后故事不能戛然而止，要慢慢下降，逐渐平息，最终结束。它有一个起伏的过程。

比如，第一次报复的对象是勒康。这个曾经的小坏蛋，现在已是大厨了，还成了一家高级餐厅的老板。

故事慢慢“开始”——罗伯特制订了周密的计划，他请来粗鲁的热拉德夫妇及长毛大狗布鲁帮忙，他要把勒康的餐厅搅得天翻地覆。这个“开始”很成功。

然后故事慢慢推进，往前“发展”。热拉德夫妇先进场，他们用粗鲁的言行和卑鄙的伎俩破坏了餐厅的氛围。你还记得那个卑鄙的伎俩吗？他们抓了只苍蝇放在菜里边，让来考察餐厅的美食家马莱耶松完全倒了胃口。但这部分要写得克制，不能太幽默，不能太热闹，总之不能喧宾夺主。

预热得差不多了，“高潮”就来了 —— 长毛狗布鲁大闹餐厅，弄得人仰马翻。高潮部分，当然要用很多文字来支撑。你看作家是怎么写的 ——“一条 60 公斤重的巨大无比的长毛狗出现在他（马莱耶松）的盘子里！布鲁正把自己全部的体重，整个发臭的身体，和它的大肚子压到美食家的桌子上”。还没完，“餐具，盘子，面包，水杯，‘白雪羊鱼’，似乎顷刻之间都被它碾成粉末”。还没完，长毛狗布鲁“一口咬住勒康左边的屁股，把他的裤子扯了个稀巴烂，露出一大片白白的臀部”。还没完，餐厅里鸡飞狗跳，兵荒马乱，各个国家的人争先恐后地请求帮助，美国人和英国人用英语喊，德国人用德语喊，西班牙服务员用西班牙语喊。还没完，长毛狗布鲁吃掉了“三份醋栗蛋奶酥，两大盘面拖江鳕鱼，一个带盒子的小型照相机”，还有手袋、鹅肝、抹布、番茄酱熬虾……这个高潮看着真过瘾哪，这个作家没有让我们失望，他用纯熟的写作技巧，刻画了那么多细节，罗列了那么多笑点，特别好玩，特别解气。

然而，故事不能总是高亢激昂，故事要慢慢“退烧”，作者让报纸、电台、电视台都报道了这件事，我们可以想象这件事在当地引起的轰动效果。报复成功，故事结束。

后面两次报复，作家都遵循着这样的规律：开始、发展、高潮、结束。 这张阅读单简洁明了、直观形象地呈现了这一过程。

我们可以使用这张阅读单，围绕故事的这几个元素来讨论，了解故事高潮的设置。像这样“一而再，再而三”结构的故事，往往在第三次的时候，高潮才来临。这个高潮是慢慢到来的，其间有问题产生的过程。这样的设置在平时我们写作一篇文章时也可以使用。

5. 抓住角色的动机设计阅读单

《记忆传授人》

［美］洛伊丝·劳里／著
郑荣珍／译
河北教育出版社

一个叫乔纳思的12岁少年，生活在一个看似非常完美的社区里。在这里，人们的生活，例如学习、工作、配偶、孩子都是由社区长老决定、安排的；在这里，没有战争、灾难、痛苦，但同时也没有记忆、感情、颜色、音乐……

年满12岁的时候，乔纳思被选中担任下一任记忆传授人。通过训练，乔纳思了解到以前的世界虽然有痛苦、恐惧和孤单，但也有真正的温暖、幸福和爱。他知道得越多，越发现这个世界的虚假，于是有了想离开的念头……

《记忆传授人》阅读单：乔纳思为什么要逃离

《记忆传授人》是一部科幻小说，描写的故事发生在一个乌托邦世界里。主人公是一个叫乔纳思的12岁少年，他生活在一个非常完美的社区里，这里没有战争，没有灾难，没有痛苦。在这里，人们的生活都被安排得井井有条，他们不用寻找工作，不用挑选配偶。儿童的生活也被安排好了。

社区儿童的年度进级表

年龄	进级
12 岁	分派工作
11 岁	得到新衣服
10 岁	修剪头发
9 岁	得到自行车
8 岁	依据兴趣当义工
7 岁	穿胸前有扣子的夹克
1 岁	拥有自己的名字和家人

那么，为什么乔纳思最后想逃离这个社区？

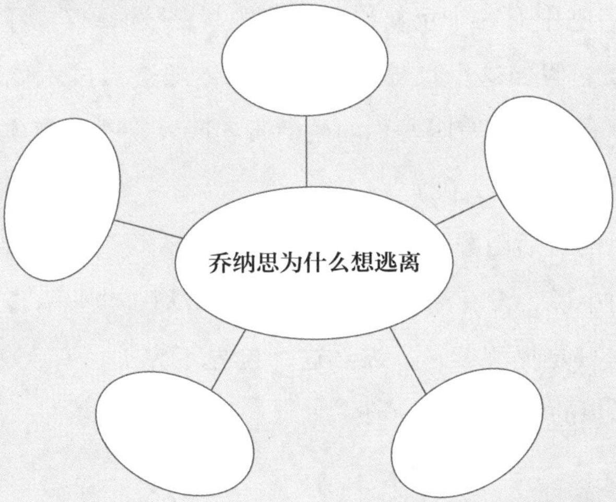

这是一张指向角色动机的阅读单。什么是角色的动机呢？简单点儿说，就是一个角色做事的理由。

比如：**乔纳思为什么想逃离？**

这张阅读单将带领孩子们探究这个人物设定背后隐含的秘密。

动机产生的原因	行为	目的
发生了什么事	乔纳思从“完美社区”逃离	为什么（人物想要通过行为表达什么）

于是，孩子们有了这样的讨论。

有的说：“乔纳思选择逃离是因为单调、没有变化、没有选择权的生活是如此无趣。”

有的说：“乔纳思感受到现在的社区缺乏真爱，逐渐认清社区制度的不合理：人与人之间过于冷漠，人们缺乏对生命最基本的怜惜以及对个体差异的尊重。”

有的说：“乔纳思的逃离意味着人们重新拥有了对真实世界的记忆、对过去的记忆。逃离更意味着这个世界需要发生改变。”

有的说：“书中有一个反复出现的字眼——选择权。乔纳思是想让大家拥有选择权。假如这个世界很完美，可你却被当成木偶一样养大，那么，你的世界有幸福可言吗？你的生活真实吗？一个连真实是什么都不知道的人，又怎么能叫作人呢？”

角色动机的背后隐藏着这个角色丰满的“人设”和作者想要表达的观点。这本科幻小说，没有刻意强调高科技的奇幻，也没有虚无缥缈的对未来的预言。它只是提醒读者，纵然这个世界不完美，有太多的生死离别，却依然是最理想的世界。

6. 抓住故事里的巧合设计阅读单

《弗罗拉与松鼠侠》

[美] 凯特·迪卡米洛 / 著
[美] K.G. 坎贝尔 / 绘
丁冬 / 译
新蕾出版社

弗罗拉是一个性格有点儿叛逆的小姑娘，她被妈妈指责为“天生的愤世嫉俗者”，整日沉迷于漫画书，用书本中的方法“指导”自己的生活。

一天，弗罗拉救了一只松鼠——尤利西斯。这是一只特别的松鼠，它力大无穷，不仅会飞，还能用弗罗拉妈妈的打字机写诗。这深深激怒了弗罗拉喜欢写爱情小说的作家妈妈，她决心铲除这只松鼠。弗罗拉不允许妈妈这样做，在拯救松鼠的过程中，一个个“特别”的人物出场：喜欢穿深色衣服的爸爸、得了暂时性眼盲症的威廉、喜欢请人吃沙丁鱼饼干的密斯彻太太……

《弗罗拉与松鼠侠》阅读单：人物诊断书

亲爱的孩子们，当你翻开这本书时，你会发现书中的人物相当多，而且各有特色，甚至都有点儿怪怪的。他们怪在哪里？用一两个关键词形容他们，再从书中找一找他们怪的依据吧。

怪怪的人物	怪在哪里 （关键词）	为什么怪怪的 （依据）
尤利西斯	力大无穷 会打字 会写诗	松鼠尤利西斯被一台吸尘器吸了进去，获得重生的松鼠拥有了超能力
弗罗拉		
弗罗拉的妈妈		
弗罗拉的爸爸		
威廉		

小说中的巧合都是作者设计的。

抓住巧合来思考，能够让我们领会作者的写作意图。

例如，上面的阅读单引领孩子们发现书中的人物都是怪怪的，并梳理他们怪在哪里，然后进一步思考他们为什么怪怪的。

这些人物怪在哪里？

弗罗拉怪在哪里？——她努力忽视她的妈妈，不需要朋友，不愿意和别人打交道，整日沉迷于漫画书，用书本中的方法“指导”自己的生活，是一个“天生的愤世嫉俗者”。

弗罗拉的妈妈怪在哪里？——她离了婚，失去了爱情，却埋头写爱情小说。这真是一种讽刺！她不想任何人介入她的生活，而且粗暴地对待身边的人和事，尤其是不允许别人干扰她的写作。得知一只松鼠动用了她的打字机后，她一心要杀死这只松鼠。

弗罗拉的爸爸怪在哪里？——他总是穿一套深色西装，戴深色领带，即使在夏天，也戴有帽檐的帽子，他用深色把自己严严实实地包裹起来。他不愿意面对问题，即使面对女儿的问题，也从来不正面回答，而是含含糊糊，左躲右闪，闪烁其词。

尤利西斯怪在哪里？——这只松鼠注定要像《夏洛的网》里的小猪威尔伯那样被载入儿童文学的史册，它太特别了，经过一次小小的变故之后，变得力大无穷，能高高飞起，最神奇的是它能写诗！

威廉怪在哪里？——他的鼻梁上，总是架着一副墨镜，因为他得了一种少见的怪病，由此引发了暂时性眼盲。而且他总是发表一些关于宇宙的深奥理论。

密斯彻太太怪在哪里？——她总是待在厨房里，总是请人吃沙丁鱼饼干。

…………

这些人物为什么怪怪的？

是因为他们缺爱。他们不会爱，他们常有一些反常的行为，有时装模作样，有时假装喜欢孤独，有时刻意逃避现实，有时说话言不由衷，有时故作愤世嫉俗……其实很多时候，他们并不真的喜欢这样，只是用这些“冒险”的方式去寻找爱。

先说弗罗拉吧。弗罗拉其实没有想象中那么爱漫画书，也没有想象中那么看不惯一切，她觉得自己被爸爸抛弃了，她觉得妈妈一直把她当作累赘，她不敢相信任何人，她觉得书比人更可信，书不会逃走，书总是耐心地解释着一切。“愤世嫉俗”其实就是害怕去相信。其实，这些都是因为她缺爱。

弗罗拉的妈妈是一个单亲妈妈，她把注意力聚焦在写作上，集中在一盏台灯上，她觉得只有这些机械，才可以给她安全感，不会离开她。

弗罗拉的爸爸不愿意面对任何问题，不愿意面对生活现状，他想隐藏起来……

威廉的眼睛其实根本没有问题，他是典型的选择性失明，他只是不愿意看见，他拒绝看见，就如他拒绝继父，拒绝继父给予的一切，包括亲昵的称呼一样。他觉得没有爸爸和妈妈的世界是不值得看见的，他觉得少一些新的“看见”，自己就可以生活在“以前”。他想念自己的生父，他一天到晚说一些关于宇宙的玄奥的话，也是因为他的生父喜欢星星，喜欢宇宙。

密斯彻太太终日守着那张古董级别的马毛沙发，总是待在厨房里，总是请人吃沙丁鱼饼干，其实，她是用这种方式活在以前的“爱”里。现在，她失去了丈夫的爱。

还有那只松鼠尤利西斯，在短短的一生中，它曾经被群猫围追堵截，被浣熊袭击，被气枪和弓箭击中，被大声斥责，被恐吓，被下毒……松鼠也缺爱！

第三章

根据文本的类型设计阅读单

1. 为成长小说设计阅读单

北京一家报纸曾做过一个“孩子爱看什么书，家长会给孩子买什么书”的调查，其中，家长对科普知识读物的认同率为62.5%，对童话的认同率为50%，对名家名著的认同率为18.3%，而对成长小说的认同率几乎为零。

这真的让人感到很尴尬，成长小说是儿童文学里的一个“大门派”，如果以量来看，估计要占儿童文学的半壁江山。然而，质和量显然没有同步，孩子们总结了现在的成长小说的三个特点：一是不真实，二是“一点儿都不了解我们的想法”，三是“他们写的都是自己的童年”。虚假、造作、陈旧、成人化、教条化成了孩子们拒绝阅读成长小说的主要原因。想想也是，近二十年，优秀的成长小说，国内的只有曹文轩、梅子涵、黄蓓佳、秦文君、程玮这些作家的。没有足够多的优秀的成长小说出现，才致使成长小说在儿童文学中处于一种比较尴尬的地位。

不过，话说回来，在我眼里，只要成长小说够优秀，它依旧是最适合在课堂上讨论的一种小说类型。

我跟孩子一样，很喜欢那些“淘气包小说”，例如，戈西尼的《小淘气尼古拉的故事》、林格伦的《小飞人卡尔松》《长袜子皮皮》、梅子涵的《戴小桥和他的哥们儿》等，其中塑造的都是调皮、任性、馋嘴、好吹牛、喜怒无常、健忘的顽童形象，孩子们在阅读时或多或少能从他们身上找到一点儿自己的影子。想想确实如此啊，再乖的孩子在内心里都是想撒点儿野的。也就是说，优秀的成长小说是真的写儿童，写真实的儿童，写儿童的真实想法。这对现代儿童文学作家真是提出了挑战，因为现在的孩子，尤其是处在现代文明进程中、城市化进程中的孩子，性格、兴趣变得越来越复杂，他们渴望成长，但困惑和烦恼却越来越多。例如单亲家庭的孩子（有点儿讨厌父母亲）、自卑的孩子（担心外表不出众、担心头脑笨拙）、胆小的孩子、典型不合群的孩子、过于单纯的孩子、很少和他人交流的孩子、有早恋倾向的孩子、因亲人过世情绪明显受影响的孩子……韩国研究儿童阅读的南美英博士希望儿童文学作家能与时俱进，为这些孩子创作相应的成长小说，她希望凭借成长小说为他们做“阅读治疗”。

现代儿童文学作家确实也在努力以更丰富的视角更细腻地反映儿童的生活状态和心理状态。例如曹文轩的《草房子》《山羊不吃天堂草》《青铜葵花》、黄蓓佳的《我要做好孩子》《今天我是升旗手》《我飞了》、秦文君的《男生贾里》《女生贾梅》，以及国际安徒生奖、纽伯瑞儿童文学奖的获奖作品，其中的儿童形象已经非常多元：开朗、自私、自闭、勇敢、有主见、唯唯诺诺、自信、自卑……我们应该有意识地带领孩子们在阅读中寻找自己，关照自己，确认自己，反思自己。

《天使雕像》

［美］E.L. 柯尼斯伯格 / 著
郑清荣 / 译
新蕾出版社

美国格林威治镇上的两个小孩离家出走了。他们去了哪里？——纽约大都会博物馆。《天使雕像》是一本非常独特的探险小说，至少探险地点非常特别，姐弟俩去的不是丛林，不是荒野，而是城市里的博物馆。在戒备森严的大都会博物馆里，他们俩竟神奇地度过了一个星期！在这期间，为了解开“天使雕像”的作者之谜，他们去书店查资料，写信给博物馆馆长，甚至去找雕像原来的主人福兰克威尔夫人……

《天使雕像》阅读单：姐弟俩的成长

克劳迪娅和杰米姐弟俩在历险过程中慢慢成长，他们俩从一开始相互利用、貌合神离，到慢慢地相互了解，到最后成为一个真正的团队，相互妥协，相互协作。你能从书中找到依据吗？

姐弟俩一开始完全是貌合神离	**书中的依据** 1. 第 3 页写到克劳迪娅挑中杰米和她一起出走，是因为杰米可靠，而且是“一个小富翁”。 2.
姐弟俩慢慢地相互了解	**书中的依据** 1. 第 27 页写到克劳迪娅被杰米称赞“聪明”，这“让她那快要被煮沸了的怒气冷却下来”。 2.
姐弟俩成为一个真正的团队	**书中的依据** 1. 第 36 页写道：“克劳迪娅回答：‘没办法，杰米，你不可能每顿饭后都刷牙。’他们非常小声地笑着。” 2.

这张阅读单是围绕姐弟俩的成长来设计的。

《天使雕像》写的是历险，但归根结底还是一本成长小说，你会发现姐弟俩在历险过程中慢慢长大，当然，这个长大不是身体上的，因为他们探险的时间有限。小说里的长大往往都不是指身体上的长大，而是指心智上的长大。

姐弟俩是不是长大了，你研究一下他们的对话就会知道。

姐弟俩一开始完全是貌合神离，他们是在相互利用。克劳迪娅看中了杰米的钱，因为杰米是“一个小富翁。他跟同龄的孩子不一样，没有花钱搜集棒球卡的嗜好。他把每一分钱都存下来”，有一笔不小的积蓄。杰米呢，无非是想跟着姐姐出去开开眼界。

于是，这对临时组合，开始时争吵不断，他们总是为了一点儿鸡毛蒜皮的事，例如是走路还是坐车，例如到底走哪一条路，不停地斗嘴，谁也不服谁。此时，他们并不是组合，只是两个单个的人。

在小说第 33 页，姐弟俩说话的风格开始改变，他们斗嘴时已经没有那种尖锐的讽刺和挖苦了，而是有温情在其中。此时，他们偶尔还会觉得对方的想法是有点儿道理的，只是嘴上不承认而已。

小说到此，姐弟俩慢慢成为一个真正的团队了。成为一个真正的团队并不意味着他们不再争吵，相反争吵已经成为这趟冒险的一部分。只是他们的争吵已经成为一种讨论，争吵的目的不是要战胜对方。此时，他们不会迁就对方，也不会过于坚持己见，他们会相互妥协，最终形成共识。

是的，这就是成长。

这张阅读单侧重于让孩子们寻找成长的依据，侧重于引导孩子们发现成长，难度不大。而有的阅读单可以让孩子们挑战发现成长的原因。

《洞》

［美］路易斯·萨奇尔 / 著
徐海幈 / 译
南海出版公司

少年斯坦利还在延续家族的霉运。一天，他莫名其妙地成了一个“偷鞋贼”，被警察带到了翠湖营青少年教养所进行“劳动改造”。这里所有的少年犯每天必须挖一个深五英尺、宽五英尺的洞……磨难让斯坦利的身体、精神都发生了改变。慢慢地，斯坦利发现了一个惊天秘密，他用力量、诚信、勇气结束了自己家族的霉运，得到了一笔巨额财富，而且惩戒了坏人。

《洞》阅读单：斯坦利的觉醒之路

斯坦利是怎样从一个体形臃肿、饱受同学欺负、连自己都不喜欢自己的倒霉蛋，成长为一个喜欢自己的小英雄的？在翠湖营的这段时间里发生了哪些促使他完成自我救赎的关键事件？请用关键词或短语完成下面的事件梳理阅读单。

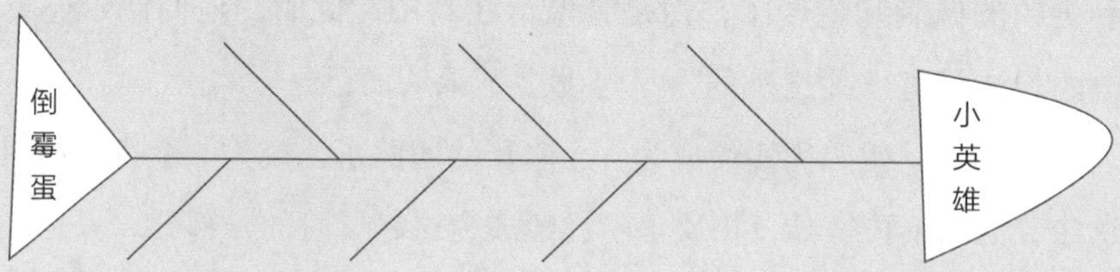

你觉得是什么终止了斯坦利家族的霉运？请写下你的观点和理由。

____

____

____

这张阅读单就是围绕斯坦利的**成长**来设计的。

如果没有引导，孩子自己看《洞》，注意力往往就会集中在“悬疑”的情节上。

这张阅读单可以让孩子明白，这部小说披着“悬疑、幻想”的外衣，讲述了一个少年的成长历程。

翠湖营是一个小社会，这里有各式各样的教师、各式各样的学生、各种不平等的关系、各种或明或暗的紧张。斯坦利要在这个社会里生存下来，就必须成熟起来。成熟的标志不是怨天尤人，也不是无动于衷，而是去适应这个社会，懂得如何处理跟别人的关系、如何获得友谊、如何取得立足之地，甚至如何对这个社会产生影响，使其朝更好的方向发展。可这些斯坦利都欠缺，别人打他他都不敢还手，他只想逃避，他懦弱得要命，他自卑得要死，他逆来顺受，他没有朋友，总之，他不喜欢自己。

斯坦利究竟是**怎样从一个倒霉蛋变成一个小英雄的呢**？

这张阅读单就是让孩子的注意力集中到那些影响斯坦利的关键事件上。例如：

为了保护同伴免受责罚，他主动承担所有罪责。

为了救零蛋，他鼓起勇气越狱。

为了找水源，他背着零蛋爬上山。

…………

通过填写这张阅读单，孩子们会逐渐明白：一个人的成长，除了身体上的，还有心理上的。一个人身体健壮了，自信心和意志力也会随之增长，他会变得勇敢，变得有担当。

《羽毛男孩》

[英] 妮奇·辛娜 / 著
穆卓芸 / 译
新蕾出版社

罗伯特是一个木讷、孤僻甚至有些懦弱的孩子。一天，罗伯特在赡养院认识了艾迪丝，一个患了重病、神经兮兮的老太太。艾迪丝让罗伯特去一个地方——大家口中的鬼屋，传说曾有一个以为自己会飞的男孩在那里坠楼而亡。没想到被大家嘲讽、欺负的“班级笑柄”罗伯特对承诺的兑现异乎寻常地执着。他鼓起勇气去了鬼屋，发现了艾迪丝精神失常的原因，然后竭尽所能给艾迪丝以心灵上的抚慰……最终，罗伯特自己变了，变得勇敢、自信了。

《羽毛男孩》阅读单：别人对自己成长的影响

请你在下面思维导图中的箭头上，写出这些人物对罗伯特的影响。

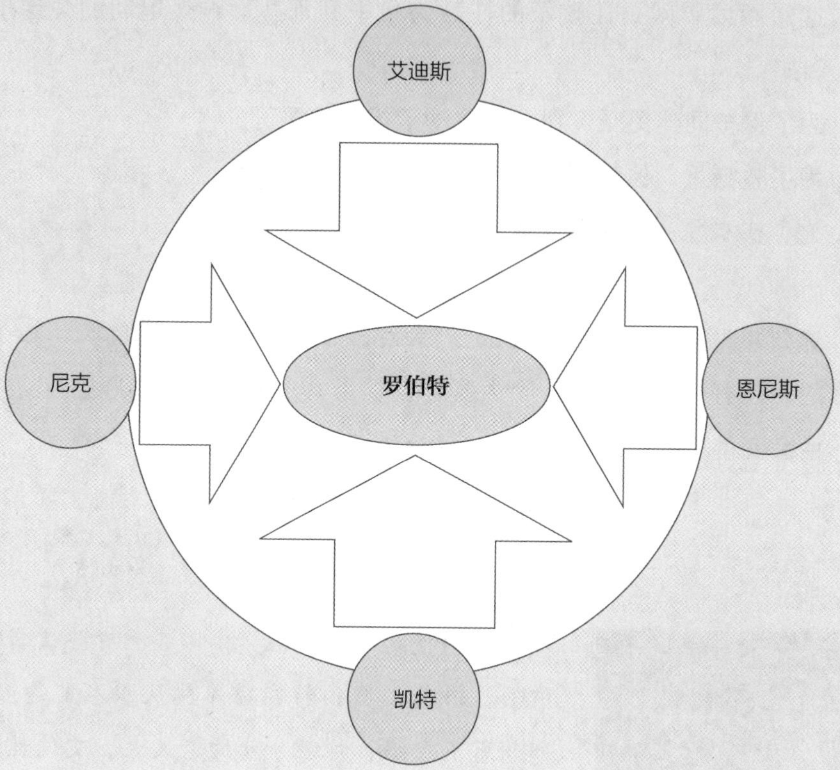

这张阅读单可以引导孩子发现——

一个人的成长，除了需要自己的主观努力之外，还有来自外力的影响。

罗伯特也不例外。他细胳膊细腿，头特别大，一头短短的黄毛，一副厚厚的眼镜，难看得要命。难看的人容易没自信，没自信的人容易被欺负，被一个人欺负了就容易被大家欺负。罗伯特就被欺负惯了，上幼儿园时他被伙伴们嘲笑为“小鸡”，上小学时大家叫他“罗大呆”。慢慢地，罗伯特变得习惯躲避、习惯沉默，他蓝色的眼睛隐藏在厚厚的镜片后面。

然而，罗伯特这个“班级笑柄”，这个被嘲讽、被欺负的“呆子”，这个木讷、孤僻，甚至有些懦弱的孩子，最终成长为一个独立、勇敢、有责任心的男孩。

为什么？

因为除了那些嘲笑他、侮辱他的人，他的身边也有许多人在鼓励他，支持他，暗中帮助他。

这张阅读单的引导性是很明显的。

《亲爱的汉修先生》

［美］贝芙莉·克莱瑞／著
［美］保罗·欧·泽林斯基／绘
柯倩华／译
新蕾出版社

《亲爱的汉修先生》是一部特别的小说，它是由一封封信和一篇篇日记组成的。

男孩鲍雷伊面临着很多困境：父母离异、转学后不适应、孤独……他从二年级开始给自己喜欢的作家汉修先生写信，在信中，他尽情吐露自己的烦恼。通过和汉修先生的书信往来，鲍雷伊不但学会了应该如何面对生活，理解了父母无法共处的原因，体会到了父母对他的关爱，而且写作水平也提高了。

《亲爱的汉修先生》阅读单：鲍雷伊的烦恼

是的，通过这一封封信，我们慢慢走进了鲍雷伊的生活，慢慢了解到一个六年级男孩的苦恼。我们一点儿一点儿地感觉到，其实小孩子并不是我们想象的那样无忧无虑。

你觉得鲍雷伊遇到了哪些烦恼呢？这些烦恼后来解决了吗？

鲍雷伊的烦恼	鲍雷伊的烦恼是如何解决的
中餐总是莫名其妙被别人吃掉	
写不好作文	
爸爸、妈妈没有复婚的可能	
有时候觉得孤独	
妈妈每天辛苦地工作，但还是可能无法按时付房租	
爸爸忙起来会忘记给他打电话，而且爸爸有可能会成为另一个男孩的爸爸	

成长小说反映的是儿童在成长过程中经历的问题，展示的是主人公经历某些重大事件后顿悟人生的过程。这种对人生的顿悟，具体而言，就是对亲情、友情、爱情的顿悟，就是对生、老、病、死的顿悟，就是对真、善、美的顿悟，就是对幸福、痛苦的顿悟，就是对富有、贫穷的顿悟。亲情、友情、爱情，生、老、病、死，真、善、美，幸福、痛苦，富有、贫穷……这些，是人类永恒的主题，是每个人在成长历程中都必然要面对的。所以，我们可以结合具体的书提炼具体的话题。

每一个人在成长过程中都会遇到烦恼。

所以，很多成长小说都会围绕这些烦恼来进行创作。

成长小说中，孩子遇到的烦恼大体有以下这些。

孤独，没有人陪伴。

父母离异。

弱小，身体有缺陷，被嘲笑，被欺负。

贫穷。

亲人的离去。

很多作家会在作品中把这些烦恼呈现出来，并且帮助主人公走出困境。

这张阅读单聚焦成长中的烦恼，希望孩子们在填写过程中认识到，所谓成长就是直面困难，努力克服。

2. 为幻想小说设计阅读单

儿童文学作家彭懿在《幻想教室：追寻妖精的踪迹》一书里，力图给幻想小说下定义。然而，相比那些理论概括，具体的作品，例如刘易斯·卡洛尔、特拉弗斯、林格伦、E. B. 怀特、罗尔德·达尔、米切尔·恩德等幻想小说大师的作品，更能让我看清幻想小说的模样，更能让我明白幻想小说与民间童话、创作童话的一些具体区别。

说句实话，有些教育工作者并不喜欢幻想小说。例如，有些教师会阻止孩子去阅读《哈利·波特》，哪怕他们没读过。如果真有人追问起来，他们的理由大多是：不切实际，过于冗长，难以理解，或者太花时间。这样的反对实在是缺乏学理依据的，况且反对又能怎样呢？这些幻想小说深深地吸引着孩子们，在他们的生活最需要魔法的时候，幻想的确给他们带来了力量，他们在阅读中实现了“变形”，在阅读中和奇幻英雄一起冒险，一起经历令人害怕、令人困惑或遭受欺压的情境，一起对抗黑暗，他们乐在其中。

《爱丽丝漫游奇境》

[英]刘易斯·卡罗尔/著
王永年/译
中国宇航出版社

一天，一个叫爱丽丝的小女孩看书时睡着了，梦中她追逐一只穿着背心的兔子而掉进了兔子洞里，从而来到一个奇妙的世界。在这个世界里，她遇到了爱说教的公爵夫人、神秘莫测的柴郡猫、狮身鹰首兽和假海龟、总是叫喊着要砍别人头的扑克牌女王和一群扑克士兵，参加了一个疯狂茶会、一场古怪的槌球赛和一场审判，直到最后与女王发生冲突时才醒来，发现自己依然躺在河边。有人说，这个无厘头童话在犀利地讽刺社会，探讨深奥的数学问题和深刻的哲学问题。也有人说，这部童话没有那么神秘，它就是一个好玩的故事。

《爱丽丝漫游奇境》阅读单：进入幻想世界

每一本幻想小说的主人公进入幻想世界都需要通过一个媒介，这些媒介可以是精灵、女巫等引导者，也可以是一扇门、一盏灯，或者一个梦，或者几种东西的组合。这让我想起了我读过的许多书。

书名	媒介	简述
《绿野仙踪》	龙卷风	一场龙卷风把多萝西带到了奥兹国，她还阴差阳错地杀死了邪恶的东方女巫，得到了银色的魔法鞋
《爱丽丝漫游奇境》		

书名	媒介	简述
《纳尼亚传奇》		
《哈利·波特与魔法石》		

这张阅读单意图帮助孩子们解开奇幻文学的叙事密码。

这张阅读单的指向很明确，就是梳理几部幻想小说中从现实世界通往幻想世界的入口。幻想小说的主人公从现实世界到幻想世界，总有一个特定的入口：在《哈利·波特》里是“九又四分之三”站台，在《纳尼亚传奇》里是一个古老的衣柜，在《5月35日》里是一个大衣柜，在《毛毛》中是一条“乌有巷”……

设计幻想小说的阅读单，有时可以考虑引导孩子们去发现幻想小说的叙事密码。例如：

幻想小说中的世界一般是二元世界，主人公经常在现实世界和幻想世界之间“穿梭”。它不像童话只拥有一个幻想的、非现实的世界，是个一元世界。

在幻想小说中，冒险的情节模式是差不多的——要有神秘的事物、攸关生死的刺激，以及不可预期的结果所带来的震撼。

幻想小说作家会尽力把那个创造出来的世界描写得像真的一样……

这样的密码还有很多，孩子们是非常欢迎有一个人带领他们发现这些密码的，他们不仅想发现内容上的密码，也希望发现形式上的密码。

需要强调的是，在幻想小说中接触到丰富叙事密码的孩子，可以将许多看待事物的新方法内化到他们自己的故事当中。孩子们接触到的幻想小说种类愈多，他们就愈能了解生活和文学的世界。

《绿野仙踪》

[美]莱曼·弗兰克·鲍姆/著
薛瑾/绘
马爱农/译
中国少年儿童出版社

多萝西是美国堪萨斯州的一个小姑娘，她和她的小狗被一阵龙卷风卷到了奥兹国。

要想回家，多萝西就必须找到住在绿宝石城的魔法师奥兹。在寻找奥兹的途中，多萝西遇到了三个朋友——没大脑的稻草人、失去了心的铁皮伐木工、胆小的狮子，他们也想找到奥兹，因为奥兹能给他们大脑、心和勇气。于是，他们一起踏上冒险之旅。途中，他们克服了许多困难，例如，躲过致命的罂粟田，除掉邪恶的西方女巫，穿过瓷人国、森林，越过榔头人的山……

《绿野仙踪》阅读单：奥兹的“话”背后的深意

奥兹虽然是个和多萝西一样的普通人，但是他建立了绿宝石城，用一些小把戏让邪恶女巫不敢轻易攻打自己，同时给了绿宝石城人民幸福的生活。他对稻草人、铁皮伐木工、狮子说的一番话非常有深度，请结合书中的故事还有你自己的生活经验来谈一谈你对这些话的理解。

书中的人物	奥兹对他（它）说的话	我对这句话的理解
稻草人	你用不着大脑。你每天都能学到新东西。婴儿是有大脑的，但婴儿并不知道多少事情。只有经验才能给人带来知识，你在地球上的时间越长，所得到的经验就越多。	

书中的人物	奥兹对他（它）说的话	我对这句话的理解
铁皮伐木工	我认为你压根儿就不应该要一颗心。心使得大多数人都不快乐。你要知道，你没有心倒是一件幸运的事呢。	
狮子	我相信你有足够的勇气，你所需要的是对自己的信心。任何一个生命，面对危险都会感到害怕。真正的勇气，是害怕时仍然敢于面对危险，而你并不缺少这种勇气。	

这张阅读单意图让孩子们认识到，好的幻想小说，背后总是蕴含着许多哲学思考。

例如《绿野仙踪》，读完整本书你会发现，说自己没有大脑的稻草人却在每次遇到困难时想出了绝妙的方法，处处充满智慧；说自己失去了心的铁皮伐木工，最为善良，处处关心他人，爱护生灵；说自己胆小的狮子却能在强大的怪兽面前挺身而出，保护自己的朋友；说自己是个很糟糕的魔法师的奥兹，却建立了伟大的绿宝石城，让每个人都过得很幸福；没有父母的多萝西对家充满了眷恋，她说无论奥兹国有多美，最好的永远是自己的家。

是的，这个幻想小说寄寓了一份美好的愿望：愿大家都能够拥有聪慧的大脑、善良的心、无所畏惧的勇气和永远可以回去的家。

是的，幻想小说的作者总是为了人而写作，他想用新奇的超越现实的情节、人物呼唤读者思考一些深刻的命题。

如果没有这张阅读单，很多孩子就不会重读奥兹的这些话，并深入思考这些话的意蕴。

然而，一旦孩子们深入思考，就会迸发出惊人的能量。关于奥兹的三句话，他们写下了自己的理解。

稻草人总说自己没有大脑，可是每次出现难题时，他都能想出绝妙的方法去解决。他让铁皮伐木工做木筏子，让田鼠们去救昏迷在罂粟田中的狮子，把自己身体里的稻草拿出来遮挡蜜蜂的攻击……他简直就是这个团队中智慧的化身。奥兹说得对，这和有没有大脑无关，和勤于动脑、增长经验有关。在生活中，我也要不断地学习，勤于动脑，可不能白白浪费我的脑子啊。哈哈！

铁皮伐木工总说他没有心，但其实他早就拥有一颗最善良的心，他后悔无法再去爱那个一直在等他的芒奇金姑娘，所以他一定要得到一颗心。在路上他不小心踩死了一只甲虫，他流下了悲伤和悔恨的眼泪，这些眼泪顺着他的面颊慢慢滚落下来，渗进了他下巴的关节里，把它们给锈住了，连话都不能说了。为了救出田鼠女王，他勇敢地杀掉了凶恶的野猫。这些都说明他早就有一颗善良有爱的心了。奥兹说："心使得大多数人都不快乐。"铁皮伐木工则说，"因人而异"，"如果你能给我一颗心，我会毫无怨言地忍受所有的不快乐"。我第一次意识到，有一颗能去爱的心，是多么的珍贵。我要用心去感受爱，也要用心去付出爱。

以前的狮子很胆小，他用不断吼叫来吓退身边的人。可是后来，当长着狗熊身体、老虎脑袋的卡利达要伤害他的朋友时，他发出的吼叫震得地动山摇，他对朋友们说："我们完蛋了，它们肯定会用锋利的爪子把我们撕得粉碎的。快站到我身后去吧，我只要活着，就要跟它们拼到底。"什么是勇气？勇气不是不害怕，而是即使害怕得瑟瑟发抖，还是会拼命守住生命中最重要的人和事。看到狮子的话，我也觉得浑身都是勇气呢！

《狮子、女巫和魔衣柜》

[英] C.S. 刘易斯 / 著
[英] 保利娜 · 贝恩斯 / 绘
陈良廷　刘文澜 / 译
译林出版社

为躲避战乱，佩文西家的四个小孩——彼得、苏珊、爱德蒙、露茜到一位老教授家做客。四个孩子无意中发现了一个奇特的衣柜，通过这个衣柜他们进入了神奇的魔法王国——纳尼亚。

纳尼亚王国正被一股邪恶势力控制着，千年不死的白女巫将纳尼亚变成了一个终年寒冬的冰雪世界，用暴政统治着纳尼亚居民。四个孩子在羊怪、海狸、小矮人、树精等的帮助下，克服重重困难，带领纳尼亚居民战胜了女巫，成为纳尼亚的国王与女王。

多年后，他们在打猎时无意中穿过衣柜，重新以孩子的身份回到自己的世界。

《狮子、女巫和魔衣柜》阅读单一：寻找英雄

在纳尼亚的解放过程中，涌现出了许多英雄，让我们再次走进故事中，寻找英雄的足迹。

英雄人物	英雄称号	英雄事迹

英雄人物	英雄称号	英雄事迹

仔细观察上表，你能从纳尼亚的解放中发现什么？

____

____

这张阅读单是想让孩子们的视线聚集到英雄上来。

崇拜英雄的情结，自始至终会存在。原始人面对大自然，总是自感渺小；面对各种不确定性，总是缺乏安全感和归属感，因此将很多依赖心理投射到英雄，投射到神身上。因此，神话里英雄特别多。

按理说，随着人类对自身能力的不断挖掘，英雄崇拜心理应该逐渐淡化下去，可事实恰恰相反，现代人的英雄崇拜需求越来越强烈。于是，幻想小说里出现了很多超级英雄，他们有强健的体魄，有超人的能力，有高超的智慧，而且勇敢、坚强。

然而，这样的阅读单，最好有后续的讨论，让孩子们经由讨论意识到英雄最核心的特质不是强健的身体，不是智慧，而是信仰、使命感、不畏义死的精神。

《狮子、女巫和魔衣柜》阅读单二：感受神奇

作者用非凡的想象为我们创造了一个奇幻国度。我们读这本书，就相当于经历了一次奇幻的旅行。在旅行中，你看到了哪些神奇之处，能列举几处吗？

神奇之处 1：______________________________

____

神奇指数 □□□□□

神奇之处 2：______________________________

____

神奇指数 □□□□□

神奇之处 3：______________________________

____

神奇指数 □□□□□

神奇之处 4：______________________________

____

神奇指数 □□□□□

幻想小说最大的特点是它存在一个二次元的空间——现实空间和想象空间，作家总会用很多笔墨来描绘想象空间。神奇的想象力、奇幻的情节设置是作家编织的故事得以在想象的天空下飞翔的翅膀。

这张阅读单就是让孩子们在幻想小说中寻找神奇之处，进而了解幻想小说的特点。

在幻想世界里，我们总会遇见一些神奇的人物；在幻想世界里，我们总会看到很多奇幻的景物；在幻想世界里，我们总会经历一些奇特的事情；在幻想世界里，我们总能拥有很多神奇的力量……

《狮子、女巫和魔衣柜》神奇在哪儿?

神奇在纳尼亚的居民“各式各样”，有羊怪、海狸、小矮人、树精……

神奇在纳尼亚是一个神奇的国度，这里终年积雪。

神奇在通往纳尼亚的通道是一个衣柜。

神奇在纳尼亚的时间设置和外界不一样，从纳尼亚王国回到现实生活中，四个孩子又穿着原来的衣服，而且时间只用掉了一秒。

神奇在故事中总会发生意想不到的事情：阿斯兰的来临，能让冰雪消融，万物复苏；当没有背叛的人自愿代替叛徒被处死时，石桌就会裂开，此人就会死而复生。

神奇之处实在太多了，当然，这张阅读单不仅可以让孩子们找出这本小说里的神奇之处，还可以让他们体会奇幻的写法，从而自己创编一个神奇之处，因为每个孩子都爱幻想。

当然，我们也可以透过这些神奇之处来反观我们的世界，“纳尼亚传奇”系列的七本书都很精彩，精彩的不只是突出的想象力，更有故事背后的哲思与灵感。我们还可以通过故事去体会哲思。

3. 为动物小说设计阅读单

写动物小说的人真是了不起，他们叫西顿，叫椋鸠十，叫比安基，叫沈石溪……如果你是个热衷于推广儿童阅读的教师，你就会发现，近几年掀起了一股阅读动物小说的热潮。

我经常为孩子们读动物小说。我发现五年级的孩子在听一部小说时，表情还可以那么丰富，时而紧张，时而惋惜，时而悲痛，时而欣喜……当然，我把动物小说积极地推荐给孩子们，并不仅仅是因为这些小说情节曲折、十分好看，我还有我的想法。

第一，动物小说可以给孩子们更为丰富的生命体验。贪婪、残忍、阴险、狡诈、背叛、爱、善良、守信、勇敢、合作、尊严、命运多舛、命中注定等，一切好的坏的、正面的反面的、积极的消极的，总之，成人世界所具有的东西，动物小说里都有。而且这些动物小说是那样原始、客观地将其自然融合在情节中向你诉说，不忸怩，不做作。这是其他儿童文学样式很难做到的。

第二，动物小说不同于童话 —— 仅仅表达一种经验，或者诉求一种情感，它同时传递了许多知识。到目前为止，我每看一部动物小说，知识就会有明显的增长 —— 高原的气候、山林的特点、各种各样的动物习性、自然界的多种生物链等。孩子们对这些知识更是狂热，因为这些知识伴随着神秘、奇异、瑰丽、多彩……

第三，动物小说可以让孩子们很具体地感受到生命的存在。我们经常在超市里买猪排、猪蹄、猪耳朵、猪肝、猪尾巴、猪舌头……但是我们很少看到一头完整的活猪。我们身处的世界已经是一个缺乏生命气息的碎片化的世界，很多孩子已经患有“自然缺失症”，作家池莉在《来吧孩子》

中说，她欣喜地支持着女儿养一条小狗，她高兴地看着女儿去善待一个生命，她欣慰地感受着女儿的善缘与慧根。看动物小说，就是间接地与各种生命相拥，与大自然接触。空气、阳光、动物世界、微观世界……浸润其中，我们才会重视、喜欢、珍惜自己的生命。

第四，动物小说在儿童文学教与学的层面，似乎更容易实现读与写的互惠。动物小说提供了最为典型的基于素材的写作以及合理想象写作的范例。我曾经让五年级的孩子看过一些动物小说后合作创作一篇关于狼的短篇小说，他们最终的写作成果让我十分惊叹，他们很会讲故事。最重要的是，这篇小说让我感受到孩子们一旦拥有一个合适的写作载体，他们对人性的思考就会很深入。

《春田狐》

［加］欧·汤·西顿／著
阿卡狄亚／译
安徽教育出版社

西顿是“世界动物小说之父”，这本书中收录了他关于狐狸、蝙蝠、狗、狼、鹿、野猪等动物的八个故事。在这些故事里，狐狸不再只是狡猾，而是相亲相爱的一家。因为偷鸡，狐狸爸爸和三个孩子被杀，狐狸维克森在营救剩下的唯一的孩子无望后，做出了惊人的选择……威尼派克狼死守城镇不肯离去，仅仅是为了那个深爱它的孩子……

在这些故事中，你会发现作者着力描述动物忠诚、饥饿、仇恨、生存、自由和痛苦等最基本的情感，而不是更为复杂的人类的思想情绪。在这些故事中，你会发现，动物和人类是平等地生存和竞争的，字里行间饱含着作者对动物的特殊情感。

《春田狐》阅读单一：对狐狸看法的改变

以前，我对狐狸的看法	看了《春田狐》以后，我对狐狸的看法

这张阅读单形式很简单，但**内容特别契合动物小说**。

为什么？

西顿、比安基、椋鸠十，以及杰克·伦敦、吉卜林的动物小说，都把“真实”放在重要的地位。西顿似乎做得最彻底。在西顿的动物小说里，动物是不开口说话的，因为它们是动物。一旦动物开口说话，那就是童话，就是寓言，就是神话，就是幻想小说了。西顿的动物小说里，没有复杂的动物关系，也没有复杂的爱恨情仇。西顿写动物的情感，只写动物的仇恨、寂寞、痛苦等最基本的情感。西顿写动物的行为，着重写动物的求生本能与经历。尽管对孩子来说，这样的动物小说可能显得简单、枯燥了些，但这就是真实的动物世界。在西顿的动物小说里，动物主人公都没有什么好下场，说得过分点儿，都是“不得好死”的——或者葬身天敌之腹，或者命丧人类之手。虽然有些残酷，但这却是真实的。对野生动物来说，根本就不存在什么安享晚年、终老一生。

这些优秀的动物小说作家也有能力用自己手中的笔反映真实的动物世界，因为他们都有实实在在近距离地感受、观察大自然的经历。就说西顿吧，他在加拿大长大，在那个森林覆盖率很高的国家长大，十几岁时便渴望将来做博物学家。再说苏联的比安基，他的父亲是个生物学家，他从小就和动物打交道，并且一生中的大部分时间都选择在森林中度过。因此，读他们的小说，你的最大感受就是 —— 真实。豺狼虎豹、蚁鸟虫鱼、兔子乌鸦，他们对这些动物的外表体征、生活习性，都有细微、精准的描写。这些描写，基本上是他们真实的所见所闻。这些真实的所见所闻，对住在 ×× 小区 ×× 公寓 ×× 幢 ×× 单元的孩子们来说，是那么新鲜，散发着原野的气息。因此，面对这些优秀的动物小说，你可以对孩子们说，这就是真实的大自然，这就是真实的野生动物。尽管跟你以前看到过的童话中、寓言中的狼有些不一样，但真正的狼就是这样的；尽管跟你想象中的乌鸦有些不一样，但真正的乌鸦就是这样的。

多次和孩子们聊动物小说，我都遵循这样的“路线”——聊**真实的大自然与想象中的大自然。**

读完姜戎的《狼图腾小狼小狼》，我就问孩子们：“小说中的狼和你以前在其他故事中看到的狼有什么区别？”看了西顿的《乌鸦大队长银斑点》后，我就问孩子们：“你对乌鸦的看法是不是有了一些改变？”

上面这张阅读单也遵循了这样的“路线”。

然而，就“真实”这一点而言，你自己也要有足够的判断力。例如，沈石溪的动物小说，就有需要特别说明的地方。沈石溪也了解动物，他有长期在云南山区插队的经历，在创作动物小说之后，又通过读书等方法做了大量功课。因此，他的动物小说对动物也进行了真实、详尽的描写，并且用了大量的专业术语，例如“共栖”“战争型争偶”“悲痛期”“分娩期”等。沈石溪通过故事串联了大量动物学领域的研究成果，将其巧妙地介绍给读者。然而，沈石溪笔下的很多动物实际上是披着动物皮毛的人而已。也就是说，他的很多故事还是“拿动物说事”，借动物来讽喻现实或抒发感情。为了实现这一点，沈石溪在科学观察的基础上加入了大量的文学虚构，他的小说里很多动物的心理和行为都有夸张的成分。因此，在和孩子们聊沈石溪的动物小说的时候，必须说明这一点 —— 他们读的主要还是故事，而不是真实的自然。

《春田狐》阅读单二：聚焦动物的智慧

动物身上的力量与智慧是我们深感敬佩的。

这本书中介绍的每一种动物，都有自己的生存法则和生存智慧。比如松鼠契卡，它在遇到危险时会乘机转移，躲开敌人；会利用急停、侧跳等方法避开狗嘴；会忽左忽右奔跑，躲开追击；会跳上土堆，钻进鼠洞，逃离危险等。

它们甚至懂得如何把这些智慧教给自己的孩子。

与其说它们是野生动物，倒不如说它们都是杰出的父母、智慧的强者。

请选择书中两种动物，研究一下它们的生存智慧并将其制作成简单的示意图吧。

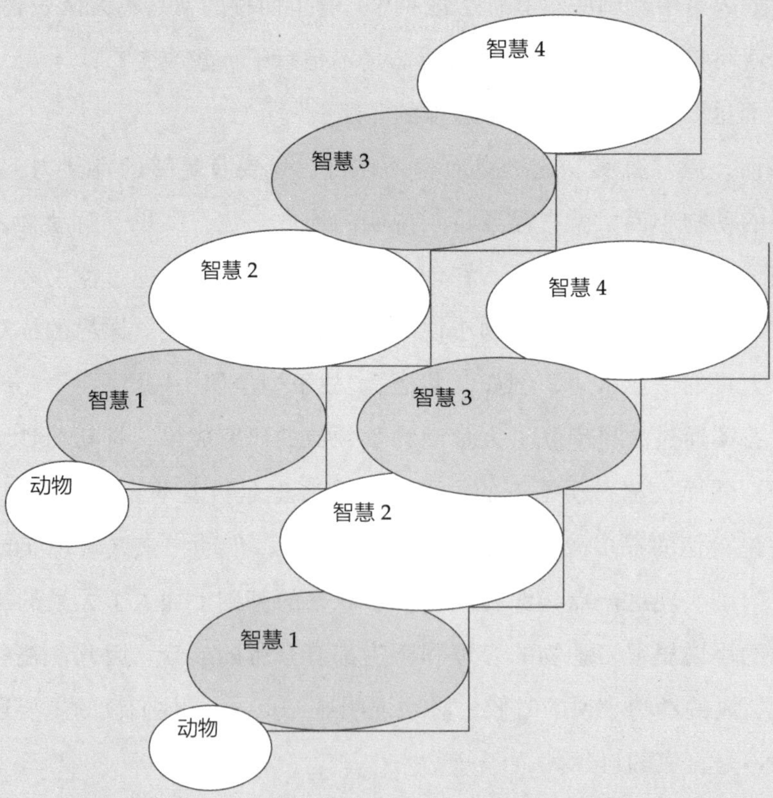

其实，在你看了一定数量的动物小说之后，你会发现这些动物小说作家喜欢写动物中的强者 —— 天赋不凡者、体格出众者、才智超群者。

西顿写狼，就写个头大、智谋多的狼王；写乌鸦，就写最聪明、最强壮、最勇敢的乌鸦；写马，就写矫健、高傲、完美无瑕的马。

你不要以为这些天赋不凡者、体格出众者、才智超群者，是西顿虚构出来的。其实它们都是有原型的。这些原型叫什么名字、生活在什么年代，似乎都有据可查。西顿在《我所知道的野生动物》里列举了许多动物界的“传奇”。例如，狼王洛波在喀伦坡地区过着狂放的传奇般的生活，野马飞毛腿生活在 19 世纪 90 年代初期，松鸡红脖子曾生活在多伦多北部的唐河谷地……

西顿所做的工作是什么呢？他把这些动物强者的一生，用故事的方式告诉你。所谓用故事的方式，就是把不止一个同类动物的冒险经历集中到故事的主角身上。也就是说，乌鸦银斑点身上有好几只优秀乌鸦的影子，兔子一只耳身上融合了好几只优秀兔子的生活。这些不是虚构的，不是编造的，并没有背离事实，西顿只是做了整合的工作而已。

这张阅读单，将读者的阅读视线和研究视角集中到动物的智慧上来。

确实，和力量、速度等比较，动物的智慧更值得研究。

除了智慧，动物小说的阅读单还可以围绕**尊严、自由、情义**来设计。我发现西顿的大部分动物小说都是围绕“尊严”“自由”“情义”这三个词展开的。西顿曾在小说里说过，“一头耗尽了气力的狮子，一只被剥夺了自由的老鹰，一只丧偶的鸽子，据说都会伤心而死”。

例如《狼王洛波》，这是西顿的代表作，书的主角是洛波，一头杰出的狼。洛波长年称霸喀伦坡地区，它藐视一切猎人、猎犬、毒药和捕狼机，没有人能抓住它。但最后它却栽在这些它根本不放在眼里的东西上，为了它心爱的母狼布兰卡。它被抓住以后依然那么有尊严，不失狼王的身份 —— 它一声不响，只是沉静地瞅着人们，好像在说：“得啦，你们到底把我给逮住啦，爱把我怎么办就怎么办吧。”然后，就是高傲的沉默。洛波在被活捉后的第二天就死了。

是的，这就是西顿笔下的动物，它们一方面为了生存、繁衍而不懈努力，一方面为了尊严、为了自由、为了情义可以放弃生命。而人类呢？

《狼图腾小狼小狼》

姜戎／著
浙江少年儿童出版社

北京知识青年陈阵、杨克等来到了一望无际的蒙古大草原。有一次，陈阵心血来潮去掏狼崽，成功地得到了一只小狼。陈阵在养育小狼的过程中，真正了解了狼的自由独立、强悍卓越、超强的智慧和才能、不屈不挠的高贵灵魂、坚不可摧的团队精神……最终，陈阵发现，对狼来说“不自由，毋宁死”，为了成全它，陈阵亲手了结了小狼的生命，让小狼去了天堂“腾格里”。

《狼图腾小狼小狼》阅读单：草原狼的生存宝典

如果单打独斗，狼绝不是虎、豹的对手。但在广袤的蒙古草原上，狼却能轻易击败这些竞争者，将所有其他猛兽逐出自己的势力范围，它们甚至袭击牧民的羊群而屡屡得胜。它们有哪些独门秘籍？

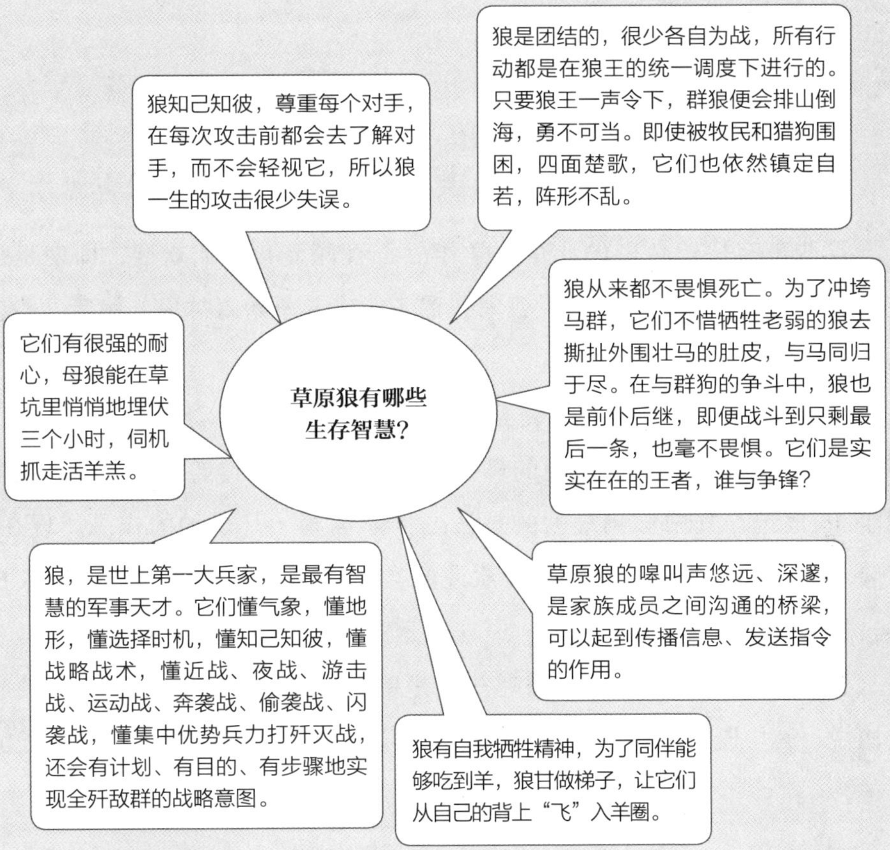

我的联想：草原狼就如神话般奇异，它们疾如闪电，攻无不克，一代天骄成吉思汗的战术就是从狼那里学来的，他把狼的战术发挥得淋漓尽致……

上面这张阅读单引导孩子们梳理狼的生存本领。

在梳理的过程中，孩子们会发现，动物世界和人类世界中生命的残酷竞争、顽强生存和追求辉煌的精神内核是一致的。

在这个小小的蓝色星球上，所有的生物都是平等的，勇气、智慧和力量不是哪一种生物的专利。

4. 为冒险小说设计阅读单

那些带有探险色彩的儿童文学作品一直深受孩子们欢迎，即使是那些结构老套的求生故事：主人公来到荒岛上或者原始森林里，然后寻找食物，搭建住所，钻木取火……

冒险小说的源流可以上溯到英国笛福的《鲁滨孙漂流记》（出版于1719年），它是海洋冒险小说的鼻祖。真正为儿童创作的海洋冒险小说出现于19世纪，其中影响最大的是法国作家儒勒·凡尔纳的作品。现在，冒险小说已经成为非常受小读者欢迎的类型小说——孤岛历险、野人探秘、追踪狼娃、拜访矮人王国……这些元素总是令孩子们爱不释手。

冒险小说所带来的阅读乐趣并不是单纯的感官乐趣，而是丰富的心灵愉悦，其中既有冒险本身激动人心的乐趣，也有冒险激发的心灵成长的乐趣。

《手斧男孩》

[美] 盖瑞·伯森 / 著
白莲 / 译
百花文艺出版社

13 岁的少年布莱恩因飞机失事坠入森林。虽然幸免于难，但他不得不在森林中独自生活，而他唯一的工具就是一把手斧。森林里危机重重，他陷入生存困境——恐惧、孤独、饥饿、与豪猪对战、与熊对峙、受驼鹿攻击、龙卷风来袭。

“我就是我所拥有的一切。我必须行动起来！”经过最初的害怕和绝望，布莱恩渐渐学会依靠自己的力量在丛林中生存下来。在困难面前，他不再退缩，而是静下心来仔细思考，联系旧知，主动探索，积极反省，一次又一次尝试、调整，渡过各种难关。在森林里独自生活了 54 天后，他终于等来了救援……

《手斧男孩》阅读单一：我的工具箱

如果让你去原始森林里探险，允许你带几件工具以应付在原始森林里可能发生的事，你会带哪几件工具？请你结合小说中手斧男孩的经历，说明原因。

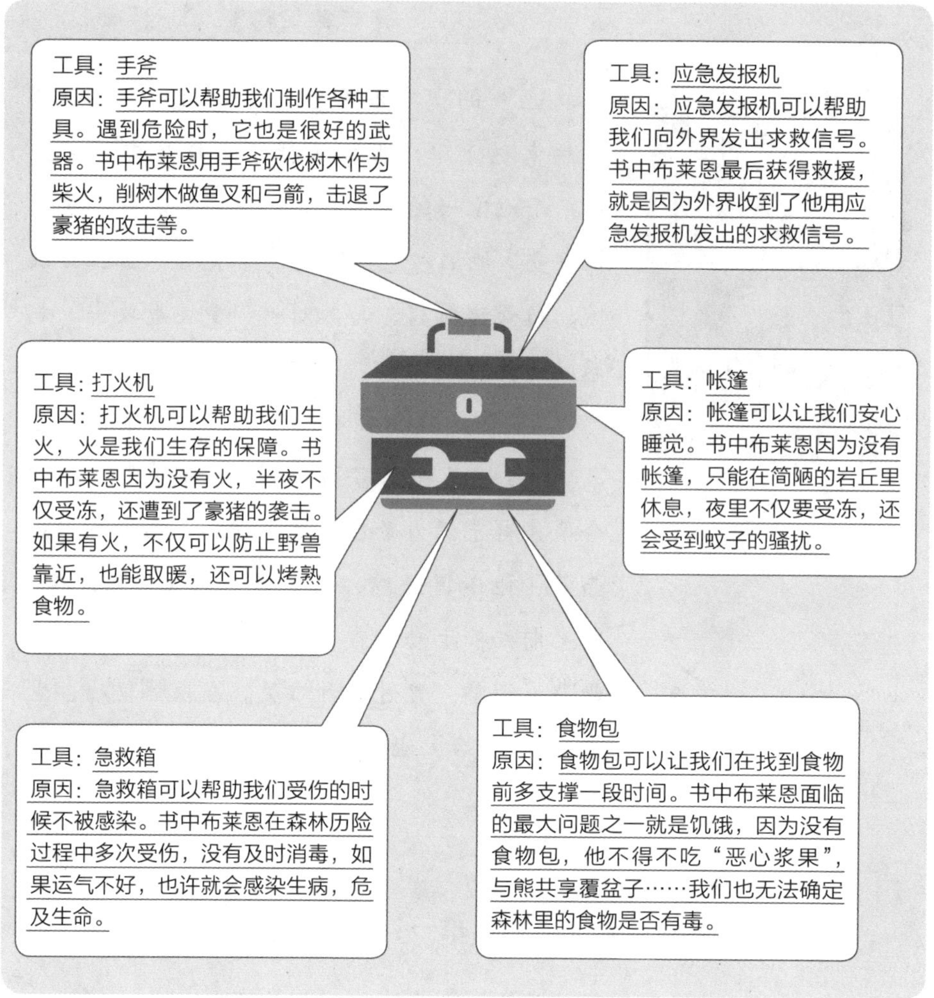

有冒险元素的《天使雕像》的作者柯尼斯伯格发觉，她的孩子已无法真正接近大自然，他们嫌做烤肉麻烦、蚂蚁太多，而且座位也不干净。于是她想到，这一代在电器用品陪伴下长大的孩子，即使你给他们打点行装，让他们离家出走，他们也没有求生能力。想想也是啊，如果我们独自一人置身于危机四伏的丛林深处，离开了父母的庇佑、亲人的呵护，离开了朋友的陪伴，不再有唾手可得的汉堡、薯条，不再有遮风挡雨的房间……有谁能生存下来呢？我们已经缺乏基本的生存技能，自然也缺乏相应的生存信心，所以很多读书会在聊冒险小说时，“生存技能”始终是讨论的主题。

《手斧男孩》讲的是一个现代少年绝境自救的故事。一个没有任何野外生存经验的孩子，突然被丢进了一个与世隔绝的密林里，他要用自己的勇气、智慧、信心、行动去战胜困境，慢慢学习野外生存技能。这种技能是值得梳理的。

当然，有的教师和家长会想，尽管小学生对这种野外生存技能的讨论非常感兴趣，但现实生活中我们像小说的主人公那样流落荒野的可能性极小，发动这样的讨论有什么意义呢？当然有意义，讨论有关生存的任何知识和技能都有意义，如果具备这些知识和技能，等到真的遇上类似事件时，就能够展现智慧，从容应对了。哪怕将来这些知识和技能并没有用武之地，这些讨论也会给儿童读者带来在安定的生活中难以获得的看待人生的重要视点，从而获得在现实生活中难以得到的精神满足。

《手斧男孩》阅读单二：布莱恩的蜕变

这本书中布莱恩的很多内心独白都耐人寻味，这些内心独白让我们感受到他的成长。

在丛林历险过程中，布莱恩的哪些想法、哪些事件对他的野外生存能力产生了重要影响？你从中感受到了布莱恩的哪些蜕变？

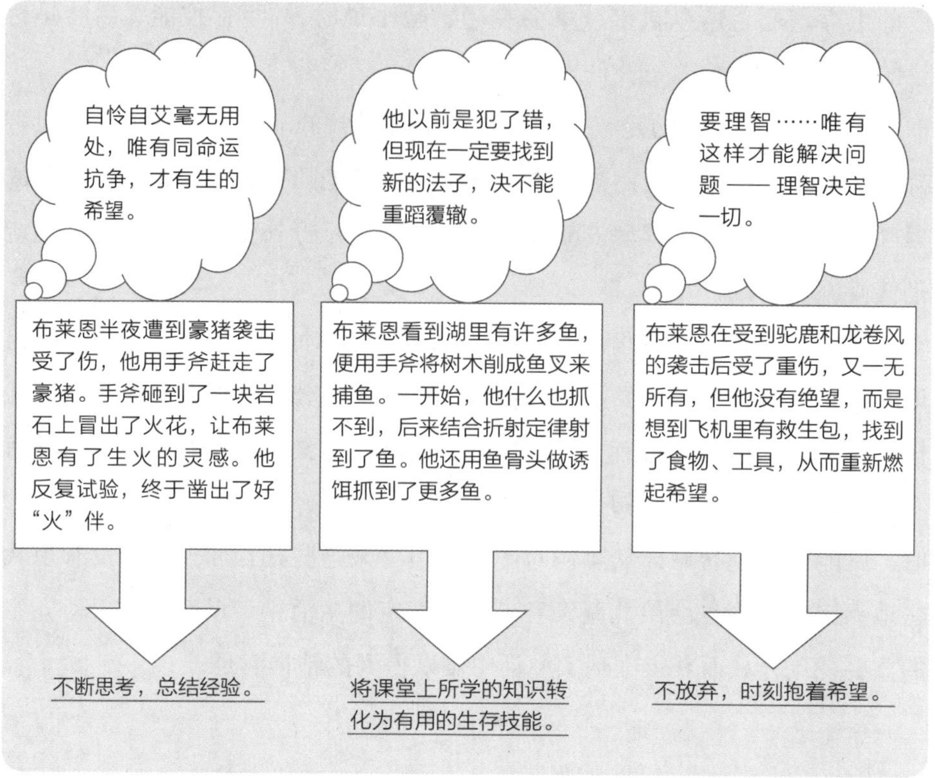

很多时候，我们聊冒险小说，关注的只是紧张、曲折的情节。如果仅仅如此，阅读就只是一种消遣性的浅阅读。所以，我们阅读冒险小说时，要透过情节和作者一起走进故事，走进主人公的内心世界，去思考隐含在作品中的有关人与人、人与自然、人与社会的哲理。

布莱恩身在密林深处危机重重时，如何面对生存困境？狼来了，他怎么办？没有火，他怎么办？没有食物，他怎么办？他要怎样才能活下来？这张阅读单可以带我们走进布莱恩的内心世界，让我们看到一个遇事冷静、果断、积极想办法的布莱恩。从布莱恩的内心独白中，我们懂得了——

面对挫折时，要努力做到不退缩、不逃避，要努力应对，使自己更勇敢。

面对各种困难时，要镇定、冷静，要平静地思考，用智慧解决问题，而不能烦躁不安、手忙脚乱。

敢于面对现实的勇气、积极应对的智慧、敢于实践的决心，不是一下子就能拥有的，这些需要一次次的历练。

阅读时，我们可以借助这样的阅读单，学会透过情节去辨析，去和作者对话，和主人公对话，真正走进冒险小说。

《汤姆·索亚历险记》

[美] 马克·吐温 / 著
朱建迅　郑康 / 译
译林出版社

汤姆·索亚很调皮，喜欢恶作剧，他讨厌教堂里的牧师干巴巴的说教，他不喜欢学校里枯燥无味的生活，他希望体验新鲜刺激的历险，他渴望成为一个英雄。一天，他为了“试胆”，约好朋友哈克夜间去坟场玩耍，结果撞见了一场杀人惨案，由此引发了一系列惊险事件……最终汤姆·索亚用智慧和勇气将杀人犯绳之以法，还找到了海盗的宝藏。

《汤姆·索亚历险记》阅读单：“风云人物”汤姆

汤姆是“淘气的机灵鬼”“镇上孩子的头儿”，在小伙伴眼中无所不能。在你眼中，汤姆身上的哪些个性特点使他成为“风云人物”呢？

个性特点	事例
天真顽皮	汤姆被罚刷墙，竟想出妙招让其他孩子争着抢着替他完成，并给他们报酬，而他则悠闲自在，成了阔佬。 去当“海盗”十多天，等人们以为他死了，才出现在葬礼上。
敢于冒险	和哈克半夜到墓地检验胆量。 和哈克、乔到杰克逊岛当“海盗”。 和哈克到鬼屋寻宝。 和贝琪在麦克杜格尔岩洞迷路——真正的历险。 和哈克再次到洞中寻宝，结果找到了强盗藏匿的金币。
机智勇敢	勇敢地在法庭上指证全镇人都害怕的真正的杀人犯。 坚强地替贝琪挨了一顿皮鞭。 智勇地把贝琪从山洞里救出来。

一张“人物风云榜”云集了汤姆众多有趣的冒险事件，可以让我们全面地认识汤姆。汤姆太有趣了，他是一个多重角色的集合，他天真顽皮，正直勇敢，足智多谋。

这张阅读单让大家的视线聚焦在小说里的人物形象上。马克·吐温用幽默风趣又不失生动的笔触，描绘出了每一个孩子渴望拥有的童年。当然，我们还可以透过小说主人公去了解当时的美国，了解作者藏在顽童形象背后的有趣的嘲讽。

“风云人物”的背后，是对刻板的社会习俗的批评。

“风云人物”的背后，是对伪善的宗教意识的批评。

“风云人物”的背后，是对腐朽的教育制度的批评。

当然，“风云人物”的背后，也是对主人公反抗精神的赞赏。

汤姆的形象代表了人们对社会的不满、对自由的追求。汤姆的形象与当时社会的虚伪形成了鲜明的对比，我们可以通过书中孩子的目光重新审视当时社会的虚伪与贪婪。

从某个角度来看，这部小说是作者通过对自己童年生活的一些回忆，加上小说的手法，对汤姆的形象进行加工。从另一个角度来看，这个“风云人物”其实也是马克·吐温对自己自由浪漫、无拘无束的童年生活的追忆。

所以，在孩子们填写阅读单时，我们可以尝试跟他们一起走近作者，走近人物，走进作品，走进那个世界，多角度地探讨人物设定背后的秘密。

5. 为侦探小说设计阅读单

在西方，侦探小说也被称为“成人的童话”，是被随时随地阅读的文学，在飞机上、公共汽车里、咖啡馆里、海滩上、公园里，到处都能看到捧着侦探小说阅读的人。侦探小说不仅对成人，对孩子也有着不可抵挡的吸引力。一位家长这样描述女儿对侦探小说的痴迷：“那本少儿版的《福尔摩斯探案集》她已经看了若干遍，让我再给她买新的探案故事，于是我一口气买了若干本。每次一到家她就目不转睛地看，手不释卷地看，走到哪儿都在看。书的内容我无法评价，但以爱读书的女儿的样子，我想这应该是好书。”

侦探小说的魅力是什么？第一，侦探小说实际上是一个解谜的过程。一个滴水不漏的谜能充分激发读者的好奇心和窥探心理。第二，从小说中的人物来看，侦探小说中通常有一个充满魅力、机智过人的解谜人物，带领读者进入迷局，找出谜底。第三，侦探小说往往呈现出神秘色彩，悬念迭起，故事性很强。

侦探小说领域里不乏大师，例如柯南·道尔，例如阿加莎·克里斯蒂。尽管我不主张刻意净化儿童的文学阅读，但是成人侦探小说里的死亡、暴力、血腥、情爱、政治以及复杂的宗教观，儿童毕竟不宜直接面对。儿童侦探小说既适度过滤了这些元素，又保留了侦探小说的魅力——步步为营、环环相扣的悬疑。不过，实话实说，目前我国市场上成熟的儿童侦探小说以引进为主，例如德国的凯斯特纳的《埃米尔擒贼记》、瑞典的林格伦的《大侦探小卡莱》，还有奥地利的布热齐纳的“神探马克和‘鬼怪’”系列、“冒险小虎队”系列、“探案小虎队”系列等，德国的舍夫勒的“老K探长”系列，日本的那须正干的“活宝3人组”系列里也有几本是侦探小说。

让孩子喜欢上侦探小说，倒不是什么费力的事。需要费心思考的是孩子读完侦探小说后和他们聊点儿什么。

《福尔摩斯探案集》

［英］柯南·道尔／著
周克希　周克言／译
译林出版社

《福尔摩斯探案集》叙述了大侦探福尔摩斯侦破一件件耸人听闻的奇案的过程。

福尔摩斯住在英国伦敦贝克街221号，他博学（拥有丰富的医学、地质学、化学、地理学知识），推理严密，胆识过人，在破解各种疑难案件的过程中伸张了社会的正义，维护了法律的尊严。事实上，福尔摩斯只是作家柯南·道尔虚构出来的人物，但因为小说实在精彩，人们几乎忘了他是虚构的人物，而把他视为实有其人的英雄，崇拜备至。

《福尔摩斯探案集》阅读单：我是一名“侦探家”

有人说，读侦探小说的最大乐趣，就是把自己当作一名侦探，在凶手没有完全暴露之前通过作者的描述，结合自己的推理，提前找到“凶手”。同学们，准备好了吗？我们一起去破案吧！

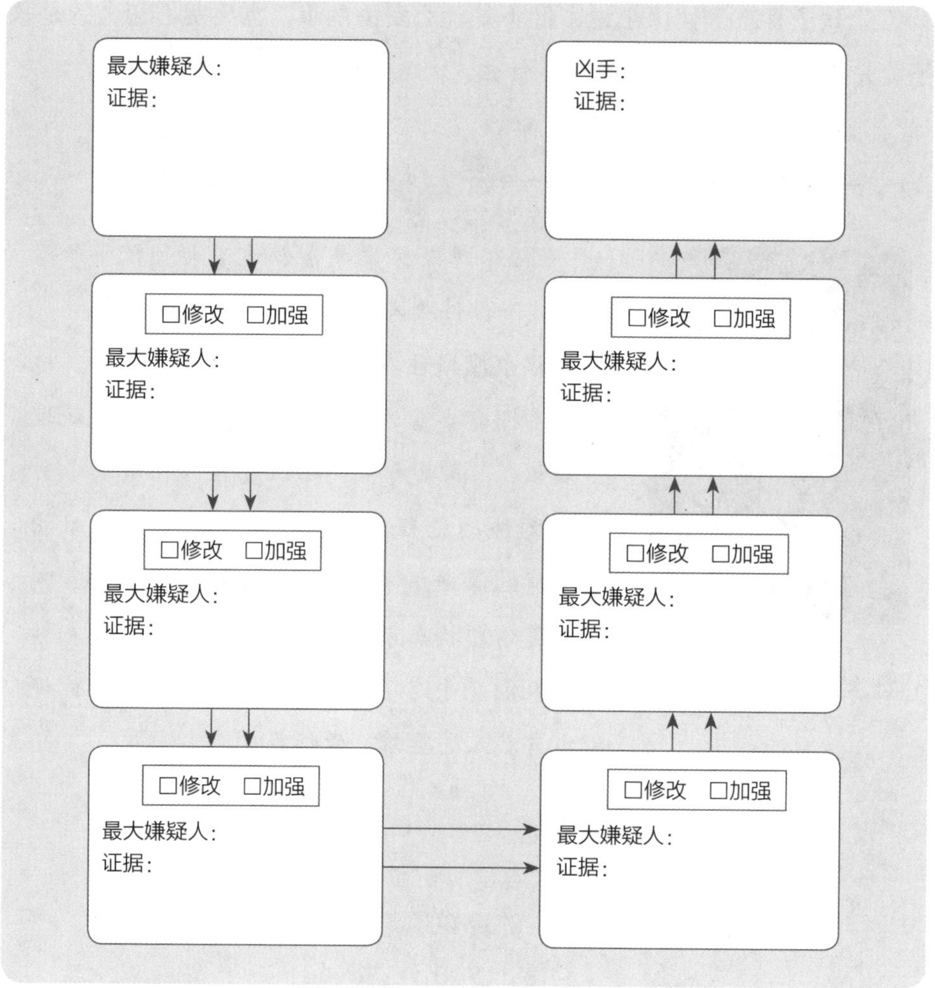

相比较而言，侦探小说是最适合练习预测这一阅读策略的小说类型。

只要翻开侦探小说，看到一起错综复杂的谋杀案，我们自然就会想：谁（凶手是谁）？如何（作案过程）？为什么（犯罪动机）？每个人都会不自觉地在脑海中圈定自己怀疑的对象，然后根据作者提供的种种蛛丝马迹，进入寻幽探秘的过程。这种预测、解密几乎会贯穿阅读的始终，因为侦探小说最基本的特征就是"阅读之前没有真相"，作者抛出谜题后，会设置种种悬念，偶尔提供一丝线索，接着带你走进几条死胡同，你则在紧张、焦急、期待中猜测、分析、判断、推理。

尽管都在预测、推理，水平还是有显著差异，有些读者预测得精确，有些读者任凭自己被故事的情节牵着鼻子走 —— 迷失在故事里 —— 做不出什么有意义的预测。其实，预测和推理是可以作为一种策略来练习的，练习多次以后，孩子们即可将此策略融入自己的阅读风格中。

《红房子疑案》

[英] A.A. 米尔恩 / 著
任溶溶 / 译
浙江少年儿童出版社

宁静的乡下，美丽的红房子，午后让人昏昏欲睡的时刻，大厅里却突然响起了枪声，一场谋杀案瞬间发生。红房子的主人马克·艾布利特与自己多年不见的哥哥罗伯特·艾布利特发生了争执，并枪杀了他。

红房子的管家马修·凯利以及红房子的仆人都认为是弟弟枪杀了哥哥，因为有人看见了哥哥粗鲁地闯入红房子，也有人听见了他们并不友好的只言片语。

就在此时，安东尼·吉林厄姆受朋友比尔·贝弗利的邀请，来到了红房子。他是一个幽默风趣的人，很善于与人交际并且很讨人喜欢，而且还有超出常人的记忆力和观察力。他发现了一个又一个疑点，甚至还发现了一条少有人知的暗道。最终，在比尔·贝弗利的帮助下，他找到了真正的凶手。

《红房子疑案》阅读单一：我来当侦探

从凶杀案现场来看，马克·艾布利特无疑具有最大的嫌疑，但是，安东尼·吉林厄姆的出现，却改变了整个事件的发展趋势。安东尼凭借超强的观察力发现了种种疑点，你是否能够根据列举出的这些疑点，得出安东尼做出的推断呢？

疑点	推断
房间的门上没有像通常那样插着钥匙，马克为什么会将门锁上？为什么不让外面的人进来？	钥匙就在凯利的手里，匆忙中他没有注意到这个细节。
当安东尼出现时，凯利正在急切地敲门，安东尼提议从窗户进去，凯利却带着安东尼走了最远的一条路到落地长窗前。	凯利想抢在安东尼之前到达窗户那里，弄清楚窗户是不是开着，便于制造出马克杀人后逃走的现场。
大家在打高尔夫球的时候，诺里斯小姐扮成女鬼突然出现。	如果是从大路上过来，一定会有人看见诺里斯小姐，既然她是突然出现，就说明应该有暗道，并且找到了暗道。
马克身上带着枪，凯利却怀疑他投湖自尽，并且向巡官提议在湖中打捞。	巡官打捞过湖以后，湖就成了最安全的地方，湖底就可以任意存放物品。
换洗衣服的筐子里有一条马克的崭新的硬领。	凯利拿了马克换下的衣服，没想到马克自作主张换掉了硬领。凯利忽略了这一点。
安东尼出现在凶杀现场时，曾隐约看到过墙上的阴影。	凯利悄悄打开卧室的窗户，弄出了有人从窗户跳出逃走的迹象。
马克有事去米德尔斯顿，却把汽车停下来，走六百码到贾兰，告诉诺伯里太太自己的哥哥要来的消息。	马克只是为了自己演戏的需要，希望有更多人被自己的演技迷惑。
…………	…………

《红房子疑案》阅读单二：不可或缺的细节

书中有很多角色，如巡官伯奇、女仆爱尔西、诺伯里小姐、诺伯里太太等，他们在案件的侦破过程中，或多或少起到了作用，你能否写出他们各自起到的作用呢？

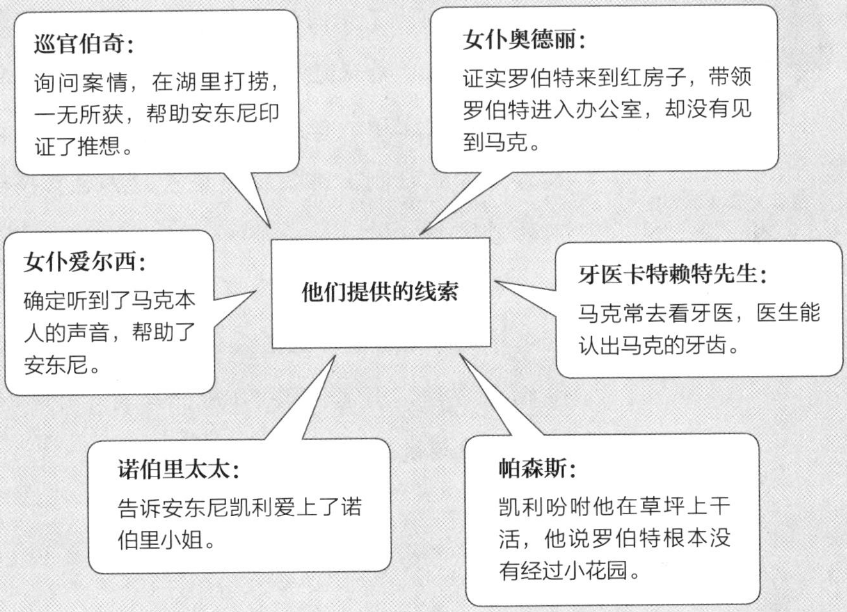

孩子们阅读侦探小说最大的乐趣就是——“追踪真相”。这两张阅读单，可以带领孩子们走进书中，亲临现场，依据疑点和线索探究真相。孩子们跟着书中的侦探一起经历一次次惊心动魄的历险，与他一起经受智慧、毅力、勇气的考验，从而获得愉悦、满足。在阅读的过程中，我们可以依据人物、情节、线索等设计阅读单，引导孩子们进行缜密的推理和探秘。

我们可以借助阅读单训练孩子的推测能力，锻炼孩子的图像化能力，训练孩子细致的观察力、理性的思考力、严密的逻辑推理能力。

《绒毛猪的秘密》

[日] 那须正干 / 著
[日] 前川一夫 / 画
林少华 / 译
二十一世纪出版社

阿慢和八谷飞去医院探望生病的博士，结果被人调换了礼品盒，博士阴差阳错地得到了一只粉红色的绒毛猪，殊不知，装绒毛猪的盒子里藏着一个巨大的秘密！

坏人们为了拿回绒毛猪礼盒，将阿慢家翻得一片狼藉，后来还绑架了阿慢。虽然被绑架时眼睛被蒙上了，但是逃脱后的阿慢和朋友通过各种方式推测出绑架犯的据点，然后直捣坏人的老巢……

《绒毛猪的秘密》是“活宝 3 人组”系列丛书中的一册。“活宝 3 人组”是日本儿童文学经典名作，全套书共 50 册，每册一个扣人心弦、妙趣横生的故事，且独立成篇。

《绒毛猪的秘密》阅读单：争当小侦探

聪明的你是否注意到了这本书根据活宝 3 人组的行动目的，可以分为三个部分？在每个部分中，他们都发现了许多小线索并由此推理、调查，直至找出真相。你会划分出哪三个部分，并从中找到线索推测真相呢？将你的想法填入下面表格中，并找出活宝 3 人组相应的推理来检验你的推理是否正确吧。

活宝3人组的行动目的	你找到的线索	你的推理、猜测	活宝3人组找出的结果
探究绒毛猪的秘密	礼物盒被人刻意调包		
	阿慢被蒙上眼睛	坏人们可能刻意绕路了，实际上他们在距离没有半小时车程的地方。	
调查作案证据 抓捕坏人			

当然，你可以更加精心地设计阅读单。在阅读《绒毛猪的秘密》的时候，我规定孩子们看完前半部分就不准往下看了。在最关键的地方被要求强行刹车，孩子们的胃口完全被吊起来了。阿慢被犯罪分子绑架，犯罪分子有很强的反侦查意识，他们把阿慢的头蒙起来，故意在城市里绕圈，可是，活宝3人组凭着侦查途中的所见所闻找到了犯罪窝点。犯罪窝点在哪里？哪些线索是有用的？活宝3人组是怎样推理的？

那次读书讨论的主要任务就是——教师和孩子们一起凭着独立分析、逻辑推理等思考方法，找到答案。记住：只要作者把案件和所有线索都交代得清清楚楚，构思得合情合理，真相是瞒不过读者的，是可以被推理出来的。

6. 为战争小说设计阅读单

很多人认为，写给孩子的故事应该是“王子遇到了公主”，应该是“小红帽战胜了大灰狼”，应该是“从此他们幸福地生活在一起”……

但是也有作家认为，可以把这个世界的另一面 —— 困苦、残酷、恐怖 —— 直接推到孩子面前。所以，他们写战争，写战争中的屠杀；写被父亲抛弃的孩子，写收养；写精神病，写人们谈之色变的癌症。

洛伊丝·劳里是这些作家的代表，她写的《数星星》就是非常经典的战争小说。

《数星星》

［美］洛伊丝·劳里／著
汴桥／译
河北教育出版社

纳粹占领了丹麦，并开始追捕犹太人。

丹麦的许许多多普通人站了出来，冒着生命危险竭尽全力保护犹太朋友们，其中包括安妮一家。

安妮的姐姐和她的男朋友是地下反抗分子，因为帮助犹太人而牺牲。安妮的父母让犹太女孩艾琳躲在家里。安妮的舅舅开着自己的渔船将犹太人送出国境……

当保护行动需要安妮挺身而出时，安妮克服恐惧站了出来，同时深深体会到保持勇气的艰难……

《数星星》阅读单一：英雄不孤独

《数星星》这部小说让我们感受到了战争的残酷、人世的悲凉，但更让我们看到了一个又一个英雄。即使在你死我活的战争环境中，人性的美好和希望依然像埋进泥土的种子一般存在着。在阅读中，你发现了哪些英雄？哪些英雄做的什么事最让你震撼或者敬佩？请记录下来。

英雄人物	让人震撼或敬佩的事

战争从来都是一个沉重的话题，重到我们不敢提起。

“二战”期间，纳粹对犹太人的迫害让人难以面对。折磨、掳掠、屠杀……面对这些是一件不容易的事。

首先，纳粹让犹太人佩戴“犹太星章”，禁止他们外出，让他们成为另类。

接着，纳粹把犹太人赶进隔离区，让他们失去尊严，使他们被饥饿、传染病威胁，让他们“生不如死”。

然后，纳粹把犹太人关进集中营，肆意地屠杀，无论孩子还是老人。

最后，实施种族清洗计划。据战后统计，截至 1945 年，波兰原来的 350 万犹太人只剩下 7 万余人，荷兰原来的 14 万犹太人只剩下 3.5 万人，罗马尼亚原来的 65 万犹太人仅剩下 25 万人……

就像小说里所写的，天空太大、太冷了，整个世界太大、太冷了。

小说里，安妮站了出来，刚开始是懵懵懂懂地，后来清晰起来。

安妮要帮助她的好朋友艾琳，她要帮助席尔斯一家，她要帮助那些想逃离丹麦的犹太朋友。安妮不想他们死，就这么简单。

安妮的帮助，并不是我们想象的那样“壮怀激烈”，只是一些小小的举动，例如对艾琳说“别怕”，例如和艾琳钻进一个被窝，例如对德国兵说艾琳是自己的姐姐，例如把手帕送到舅舅手里……你想让一个十岁的孩子做些什么呢？你要知道，就是这些小小的举动，让很多人活了下来！

劳里写战争小说，不是为了揭示战争的残酷，不是让人由此看清人世的悲凉，而是为了确认这样一个基本事实：即使在你死我活的战争环境中，人性的美好和希望依然像埋进泥土的种子一般存在着。

是的，黑暗的夜空里，总有闪耀的星星。

例如安妮。

不仅仅是安妮，还有安妮的父母，他们让艾琳冒充已经去世的女儿莉莎留在家里。

还有安妮的舅舅，那个不想结婚、房间乱得像狗窝的舅舅，开着自己的渔船将犹太人送出国境……

还有那些科学家，他们停下了工作，发明了让德国兵的狗鼻子失灵的手帕……

对了，还有安妮的姐姐，那个高大漂亮、说话轻柔、期望结婚生孩子的姐姐。还有彼得，那个差点儿成为安妮的姐夫、喜欢唱滑稽歌曲的红头发的彼得。他们是地下反抗分子，他们想尽办法帮助犹太人，他们都牺牲了，他们是那么年轻，还没来得及结婚呢，就牺牲了。

黑暗的世界里，幸好有他们。

在《数星星》里，劳里主要写了安妮一家人。

事实上，在“二战”期间，有许许多多这样的一家人。

我们唯有在心底认同这个事实，我们才有勇气深信：不管遇到怎样的黑暗，不管身陷怎样的恐怖，光明和未来依然会在不久的将来等待我们。

《数星星》阅读单二：安妮的害怕

在很多关于英雄的小说、电影中，英雄面对伤害、面对死亡的威胁，总是面无惧色，总是大义凛然，总是勇往直前，总是义无反顾，总是视死如归。《数星星》中才十岁的安妮，也是一位英雄，但这个英雄面对伤害、威胁和敌人时难免会有些害怕。然而，这害怕却让安妮更有勇气，不刻意地成了真正的英雄。有些害怕和勇敢并不矛盾。安妮什么时候表现出了害怕？选择你印象深刻的场景，用简要的语言把它记录下来，并记下其所在页码。

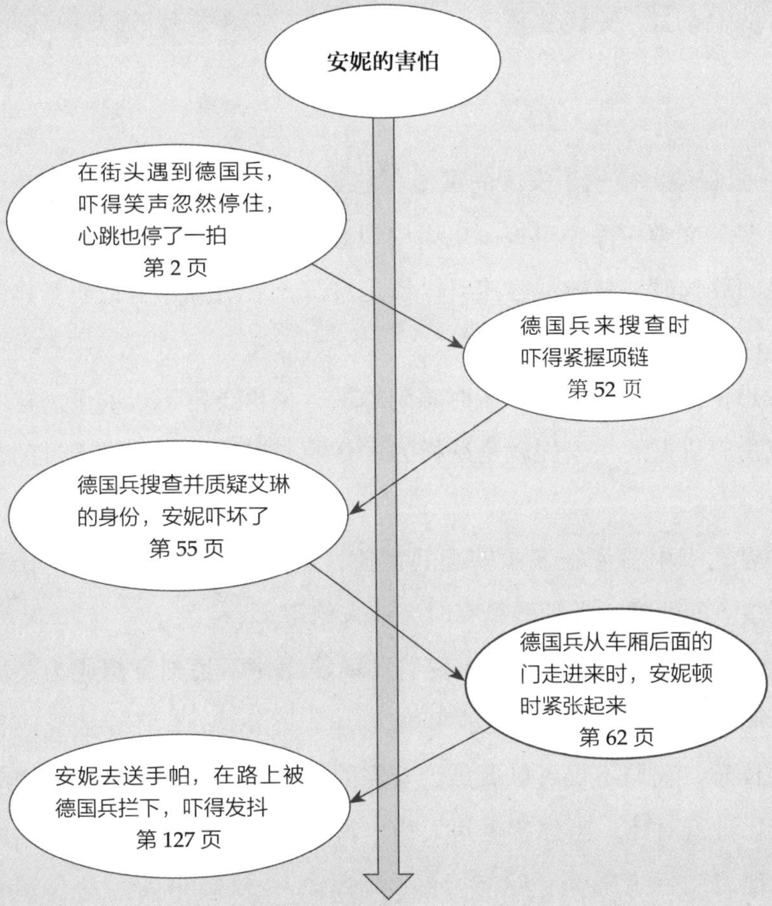

读者对书中安妮多次害怕的描写有不少争议，你认同下面哪些说法，在后面打上“✓”。

A. 书中写了那么多次害怕，削弱了安妮的英雄特征，让人觉得她懦弱胆小。（ ）

B. 书中写了那么多次害怕，让读者感受到这个人物非常真实，反而突显了安妮的英雄形象。（✓）

C. 书中写了那么多次害怕，是为了反衬安妮一次次克服恐惧保护艾琳一家的英雄行为。（✓）

D. 书中写了那么多次害怕，只是为了写出安妮当时的心情，在作者眼里，安妮就是一个普通的孩子，不是英雄。（ ）

这张阅读单聚焦于安妮的**害怕**。

看多了文学作品、电视、电影中塑造的英雄人物面对残酷的战争、面对凶狠的敌人时，总能从容应对，镇定自若，或者异常勇敢机智，我总会忍不住怀疑——这真实吗？

我想，面对战争、侵略者时感到恐惧，是再正常不过的了。这本书的作者带我们认识的小安妮就是这样的。是的，害怕是再正常不过的，谁都会害怕。

作者在书中写了很多次安妮的害怕，这一次一次“害怕”，让我们感受到了战争的残酷，那种残酷有时会让人绝望。

这一次一次“害怕”，也让我们发现安妮并不是刻意想成为英雄。真希望，那些英雄永远只出现在故事里。

阅读时，我们不仅可以聚焦于安妮的害怕，还可以对书中人物战前战后的变化进行对比，当你感受到人物丰富的情感和角色的转变时，你会有更多发现。

7. 为哲学小说设计阅读单

《动物农场》

[英] 奥威尔 / 著
荣如德 / 译
上海译文出版社

农场里的猪不满"人类剥削牲畜"，带领动物们掀起了一场革命，将压榨他们的人类东家——农场主琼斯赶出了农场。但是，平等的动物社会并没有建立起来，猪为了权力开始互相倾轧，篡夺了革命果实的猪权力越来越大，特别待遇越来越多，最终成为比人类东家更加"严厉"的统治者。

《动物农场》阅读单一:《七诫》的变化

<table>
<tr><th>赶走农场主后猪制定的《七诫》</th><th>猪掌权后对《七诫》的修改</th></tr>
<tr><td>1. 凡用两条腿行走的都是敌人。</td><td rowspan="2">先是被改为"四条腿好，两条腿更好"，猪都学习用两条腿走路。后被废除。</td></tr>
<tr><td>2. 凡用四条腿行走或长翅膀的，都是朋友。</td></tr>
<tr><td>3. 凡动物都不可穿衣服。</td><td>被废除，猪都穿上了人的衣服。</td></tr>
<tr><td>4. 凡动物都不可睡床铺。</td><td>先是被改为"凡动物都不可睡床铺被单"，猪都睡在床上。后被废除。</td></tr>
<tr><td>5. 凡动物都不可饮酒。</td><td>先是被改为"凡动物都不可饮酒过量"，后来这也被废除，猪可以随意饮酒。</td></tr>
</table>

赶走农场主后猪制定的《七诫》	猪掌权后对《七诫》的修改
6. 凡动物都不可杀任何别的动物。	先是被改为“凡动物都不可杀任何别的动物，如果没有理由的话”，后来这也被废除，许多小动物以莫须有的罪名被杀害。
7. 凡动物一律平等。	被改为“凡动物一律平等，但是有些动物比别的动物更加平等”，事实上，许多小动物被视为低等动物。

思考：通过《七诫》的变化，你发现了什么？

《动物农场》阅读单二：主人公拿破仑为了统治动物农场做了哪些事

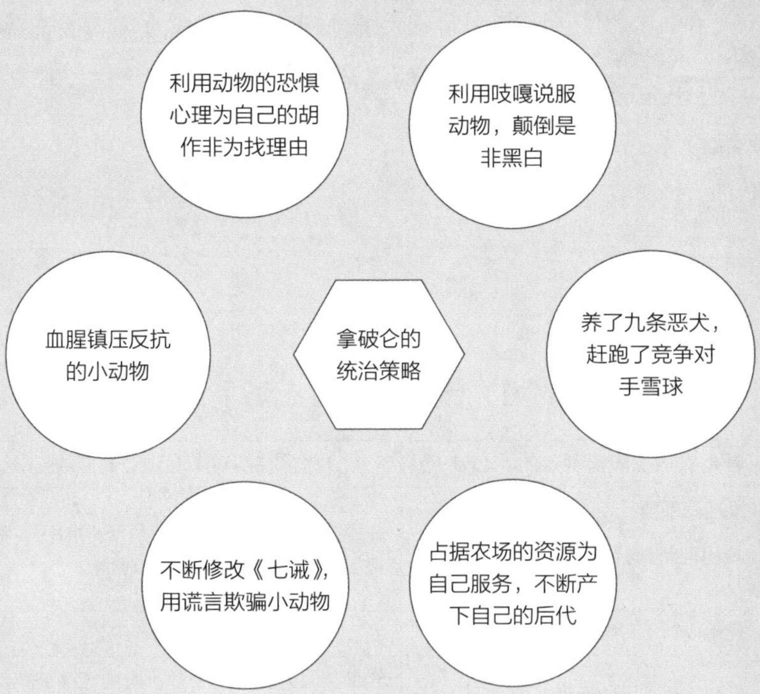

《动物农场》这本书太有意思了，是完全从动物的视角出发，讲述动物农场革命和改革的寓言故事。人在故事中只是配角，动物才是真正的主角。故事情节生动活泼，蕴含着讽刺和劝诫。

第一张阅读单梳理了“动物农场”的法典《七诫》的变化，我们**可以引导孩子们去思考：为什么会有这样的变化？通过对这些变化的思考，可以发现什么？**

仔细思考，你会发现其中充满讽刺的味道。

比如，“凡用两条腿行走的都是敌人”变成了“四条腿好，两条腿更好”，拿破仑先是鼓吹用两条腿行走的不好，最后自己却学会了用两条腿行走。这一改变多有意思。

比如，“凡动物一律平等”变成了“凡动物一律平等，但是有些动物比别的动物更加平等”，这里的“有些动物”是指农场中以拿破仑为代表的猪，拿破仑一方面积极鼓吹所有动物的平等地位，另一方面又将自己划归为特权阶级。

这些明显是前后矛盾的，这些变化中蕴含的讽刺意义表现得淋漓尽致。

我们还可以通过阅读单引导孩子们寻找、发现一些引起《七诫》发生变化的细节 —— 发生了某件事情之后，《七诫》中的某条就会被修改。

比如，拿破仑残酷屠杀了猪、鹅等动物之后，“凡动物都不可杀任何别的动物”被修改成“凡动物都不可杀任何别的动物，如果没有理由的话”。

比如，在猪们学会喝酒后，“凡动物都不可饮酒”被改成“凡动物都不可饮酒过量”。

通过阅读单，我们可以思考动物农场的制度是民主还是专制，动物们的造反是改革还是又一次循环。

第二张阅读单梳理了拿破仑统治动物农场时所做过的事，通过他所做的事、他的言行，我们可以看到统治者一贯喜欢使用的伎俩，再适当结合写作背景，就可以分析拿破仑的统治策略。

在阅读中，我们可以透过故事中角色的行为，分析动物农场里发生的荒诞现象，去读懂故事背后的隐喻。

《记忆传授人》

［美］洛伊丝·劳里 / 著
郑荣珍 / 译
河北教育出版社

一个叫乔纳思的 12 岁少年，生活在一个看似非常完美的社区里。在这里，人们的生活，例如学习、工作、配偶、孩子都是由社区长老决定、安排的；在这里，没有战争、灾难、痛苦，但同时也没有记忆、感情、颜色、音乐……

年满 12 岁的时候，乔纳思被选中担任下一任记忆传授人。通过训练，乔纳思了解到以前的世界虽然有痛苦、恐惧和孤单，但也有真正的温暖、幸福和爱。他知道得越多，越发现这个世界的虚假，于是有了想离开的念头……

《记忆传授人》阅读单：对“解放”的认识

结合具体事例来谈谈乔纳思和你对“解放”的认识。

	乔纳思对“解放”的认识	我对“解放”的认识
起初		
后来		

这张阅读单抓住“解放”来讨论。“解放”在我们的社会中等同于拯救，意味着新生；而在这本书里则是个让人感到很恐怖的字眼，它的应用要格外慎重，可它又经常出现在生活里。对不同的人来说，“解放”的意思是不一样的。对年纪过大的老人来说，它是对他一生丰足圆满的庆祝；对成长迟缓的婴儿来说，它看起来好像是产品的优胜劣汰，但细细思量却是一项令人惊恐的失败声明；对居民，比如那些三次违规的人来说，它是一种可怕的惩罚。“解放”到底是什么？阅读这本书，相信你会产生很多不一样的思考。

当然，同一个人在不同的时期有了不一样的经历后，对“解放”的认识也会改变。我们抓住“解放”来剖析乔纳思成长心路的转变，这样，对“解放”、对这本书就会有很多不一样的思考和认识。

没有情感、没有欲望的人是怎样的存在？这样的人相互之间是怎样的关系？

物质丰裕、没有痛苦也没有欢乐、看起来和谐美好、看似享受，却空虚且没有意义的生活，你愿意要吗？

我们到底想要一个怎样的社会？

…………

《当世界年纪还小的时候》

[德]于尔克·舒比格/著
[德]罗特劳特·苏珊娜·贝尔纳/图
廖云海/译
四川少年儿童出版社

书里藏着一个奇幻的世界：死神竟然因为喜欢做数学题而一再拖延小女孩的死期，一对夫妇居然喂养、抚育了一颗星星，一个声音因为被主人抛弃躲进了空老鼠洞里。许许多多意想不到的事情就这样发生了。故事情节简单，却很有趣。这也是一本哲学味很浓的故事书，一篇篇简短的故事可以引发读者思考：什么是勇气？幸福意味着什么？怎样寻求帮助？……

《当世界年纪还小的时候》阅读单：幸福是什么

1. 在《圣伯纳犬、兔子、母猪》这篇故事中，圣伯纳犬、兔子、母猪都要去寻找属于自己的幸福，幸福在它们眼中都不同，它们寻找的结果也不同，让我们通过它们的经历去感受幸福的真谛吧！

主要人物	幸福是什么	是否找到	寻找过程中遇到问题时它们的情绪怎样（画表情图）
圣伯纳犬	向圣伯纳学习东西		

2. 仔细观察上面的表格，比较一下它们对幸福的定义以及它们面对问题时的情绪有什么不同。想想为什么圣伯纳犬、兔子找不到幸福。如果重新再来一次，你能让圣伯纳犬和兔子通过改变幸福的定义，改变遇到问题时所采取的态度来获得幸福吗？

主要人物	幸福是什么	寻找过程中遇到问题时所采取的态度
圣伯纳犬		
兔子		

3. 从下面两个题目中选择一个喜欢的编一编故事。

◎ 懂得了幸福的真谛的母猪在寻找幸福的路上肯定也不是一帆风顺的，它遇到了什么？又是怎么处理，才拥有了真正的幸福的呢？试着编一编故事。

◎ 圣伯纳犬、兔子循着母猪的足迹会找到幸福吗？会发生什么？编一编故事的续篇。

____

____

____

____

哲学看起来很深奥，但孩子是天生的哲学家。

我们可以选择那些适合孩子的哲理故事、小说、绘本、寓言、童话、神话、戏剧甚至影视等，或者直接从孩子真实的生活经验出发，引导孩子思考哲学问题。比如，上面的阅读单就是用“幸福是什么”引导孩子们发现不同的人物在寻找幸福的过程中遇到问题时不同的情绪、态度，以引发他们从多种角度、多个层次去看待这个问题。这就是哲学的思考。

真正的哲学问题往往都没有终极答案，更没有标准答案。对哲学问题的思考和探讨能给予孩子们开阔的眼光、自由的头脑和智慧的生活态度。

有时候，我们放下身子和孩子们一起思考哲学问题，和他们一起去探究人生，探究世界，这样，我们便有了像孩子一样的快乐。

孩子们探讨、交流哲学性质的问题时，大人一般只需要做两件事：第一，留意倾听他们的问题；第二，平等地和他们进行讨论。

《苏菲的世界》

［挪］乔斯坦·贾德／著
萧宝森／译
作家出版社

一天放学后，14 岁的苏菲收到一封神秘来信，上面简短地写了三个字："你是谁？"

这只是个开始，从此，苏菲不断接到不同寻常的来信。苏菲慢慢发现这是一个叫艾伯特的人在向她讲解哲学，从古希腊苏格拉底开始，一路走过中世纪、文艺复兴时代，直到现代，艾伯特深入浅出地向她讲授了西方哲学史发展的历程。一直过着普通平凡生活的苏菲开始认真思考这些在学校从来得不到解答的问题。

渐渐地，事情变得更加扑朔迷离，苏菲这个人物似乎并不存在，这是怎么回事呢？

《苏菲的世界》阅读单：信件里的"惊天秘密"

《苏菲的世界》不仅能唤醒人们内心深处对生命的敬仰与赞叹、对人生意义的关心与好奇，而且为每一个人的成长——使其从混沌走向智慧、由困惑进入觉悟之境，挂起一盏盏明亮的桅灯。

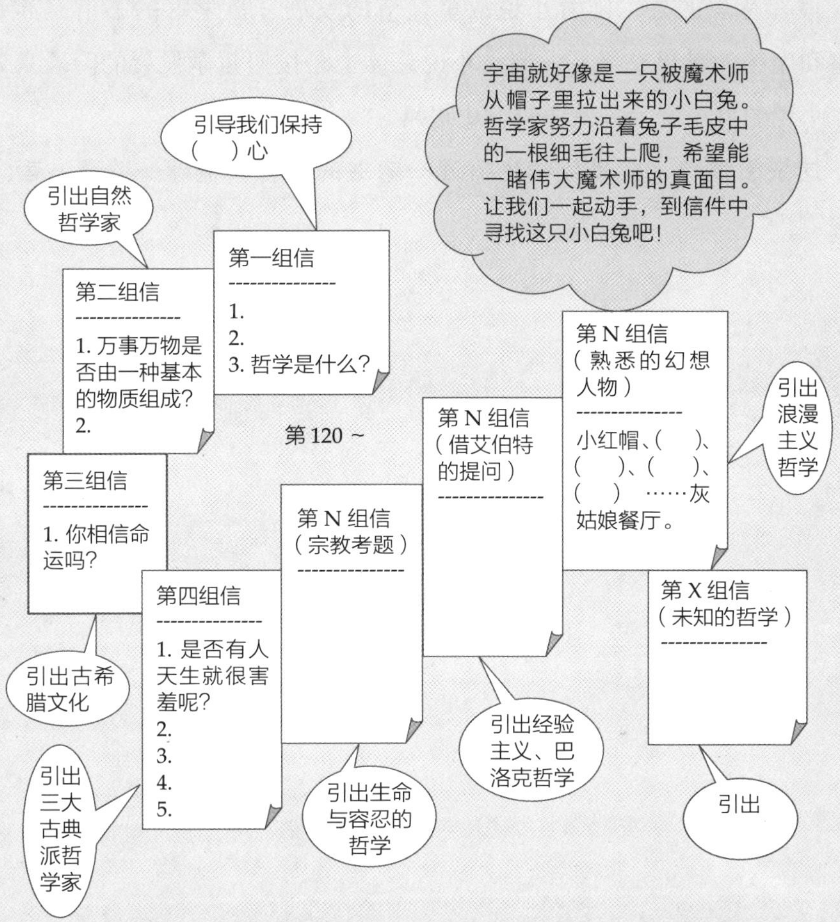

有时候给孩子阅读一些能够开启哲学思维的小说挺好的，《苏菲的世界》就是这样的小说。这本书通过提问、对话、书信等形式把整个西方哲学史简明且充满趣味地讲解了一遍。

从苏菲在信箱中取出一封写着“你是谁”的信开始，一个个离奇的小故事、一封封神秘的信为每个读者展示了哲学从古到今的发展历程。从远古神话到苏格拉底、柏拉图、康德、黑格尔、弗洛伊德乃至于马克思的哲学思想，都在这一封封信中闪现。

最有意思的是，随着小说故事情节的发展，哲学家的书信、苏菲的故事和席德的世界交叉在一起。小说总体上是按照哲学发展的阶段来分章的，小说的目录看上去就像哲学史提纲。

这张阅读单，就是让学生梳理一遍书的内容，梳理一遍西方哲学发展史。

8. 为知识性读物设计阅读单

很多人担心现在的儿童阅读“偏食”—— 文学作品读得太多，非文学类的知识性读物读得太少。

其实，儿童的阅读以儿童文学作品为主是很正常的。你让孩子自己去选择，他们也主要是选择文学作品，因为文学作品里有张力非常强的故事和鲜明的人物形象，符合他们的趣味。孩子从文学作品里能看到不同的人的命运、不同的人的追求、不同的人的成长历程、不同的人的奋斗过程、不同的人的悲剧，能慢慢体会到善与恶、好与坏、进取与付出、成功与挫折、权利与责任……等到一定的年龄，他们的兴趣点自然就会从文学转移到哲学、历史、政治等领域。

当然，儿童不可以只读文学，他们需要更为广阔的知识面。我们应该适当地引导孩子关注一些非文学作品，包括哲学、历史、科学书籍。孩子在阅读上表现出不同的兴趣，往往意味着他们对自我的发现和塑造。

《人类的故事》

[美]房龙/著
夏欣茁/译
上海译文出版社

作家房龙用生动、流畅、幽默的语言讲述人类文明发展史。房龙从远古的时候讲起，讲述埃及和美索不达米亚文明的源起，讲述古希腊与古罗马时代的辉煌，讲述中世纪社会的发展和演变，讲述文艺复兴……

在房龙看来，历史中蕴含着真理。优秀的历史书应该阐发历史中的真理，促使读者去了解、去思考，从而理解人类的命运与使命。《人类的故事》就是朝这个方向努力的。

《人类的故事》阅读单一：人类是怎么来的

“约翰·麦克菲在《盆地和山岭》一书中说，一只手的指尖到另一只手的手腕之间的距离代表前寒武纪。全部复杂生命都在一只手里，‘你只要拿起一把中度粒面的指甲锉，一下子就可以锉掉人类历史’。”(《万物简史》) 人类历史相对于地球45亿年的历史何其微乎其微。人类是怎么来的呢？让我们来简单梳理一下。

1. 从第一颗生命的种子到人类，经历了几亿年。

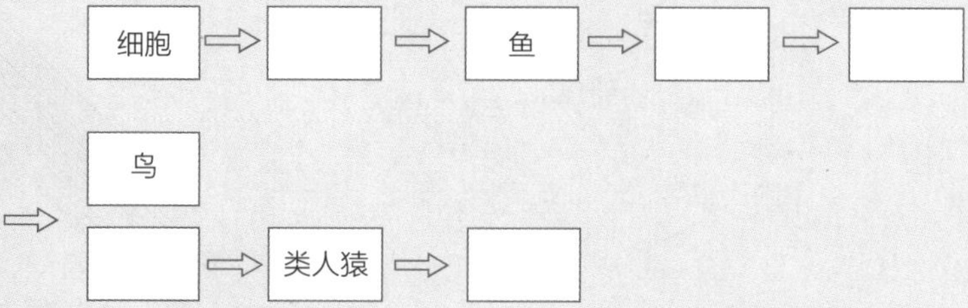

2. 又经过了成千上万年，类人猿终于发展成了真正的人。类人猿发展成真正的人，需要学会哪些本领？

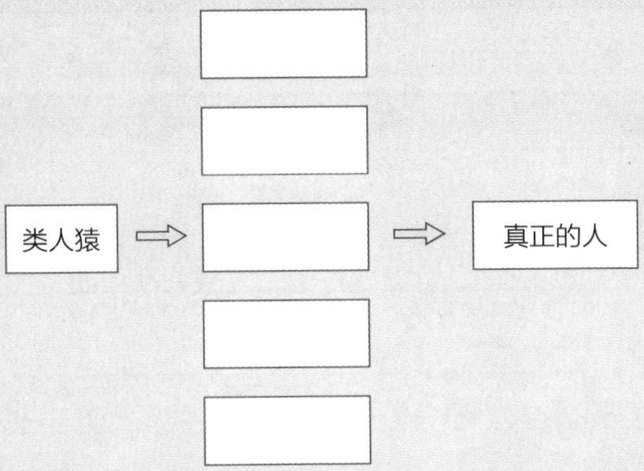

《人类的故事》阅读单二：排排序

书中提到了一些重要的事件，这些事件改变了人类的历史与文明。

以下是书中的一些重要事件，请你将其按时间顺序填写在下面的方框中。

◎文艺复兴

◎滑铁卢战役

◎基督教的诞生

◎美国独立战争

◎美国南北战争

◎罗马帝国的建立

◎哥伦布发现新大陆

◎亚历山大帝国的建立

◎第一台蒸汽机的发明

◎埃及文明——文字的出现

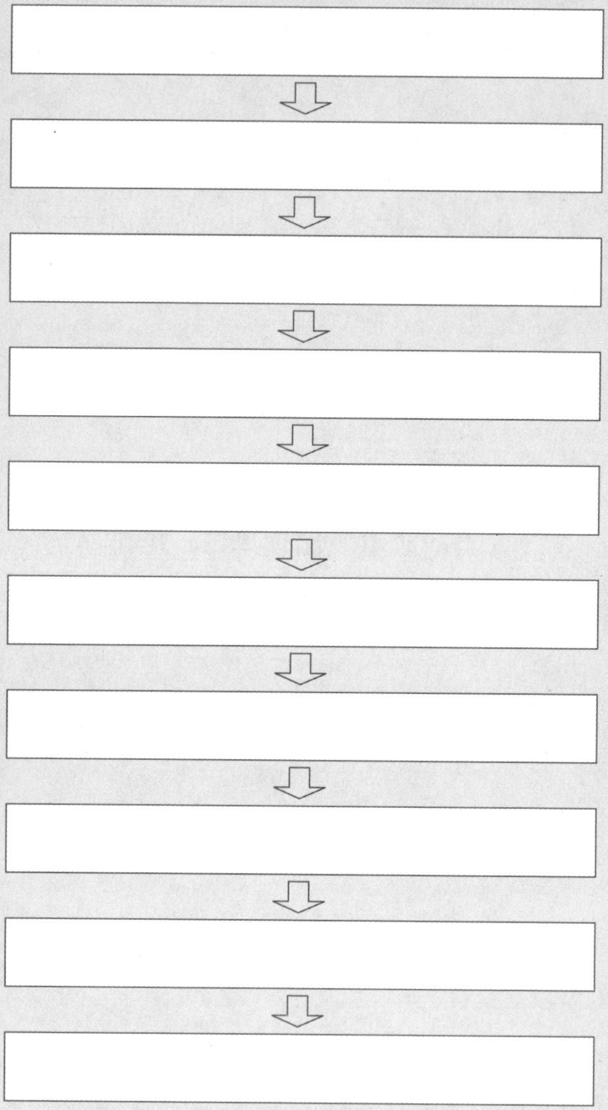

重读这些事件，思考并和他人讨论这些事件的历史意义。

这两张阅读单，就像两张思维导图，可以帮助我们条理清晰地梳理这本书，并在梳理的过程中感受历史发展的脉络。

第一张阅读单把人类是怎么形成的，形成的阶段、过程简洁明了地呈现在我们眼前，我们可以循着阅读单去思考：我们是谁？我们来自哪里？我们又将走向何方？在阅读中，我们可以依据作者的介绍追溯人类的历史，探求真理。

第二张阅读单从关键的时间节点展开，把改变人类历史与文明的重要事件有序地呈现出来。在用这张阅读单梳理关键事件时，可以引导孩子去关注作者对关键事件的介绍，感受这本书与其他历史书不一样的地方。

一般历史书的叙述方式就是罗列一些时间和事件。而《人类的故事》不是这样，作者的叙述很特别，他从各个角度去审视历史事件和人物，并时不时跳出来看看我们自己。他会时不时地提醒我们，历史与我们息息相关，历史上的人物与我们一样是普通人，我们不但要了解历史，还要体验历史，而且，体验更重要。

一般历史书的叙述语言是枯燥的、没有想象力的。而《人类的故事》不是这样，房龙那支有魔力的笔，把枯燥的历史事件变成娓娓动听的故事，引导读者进入历史情境中。他幽默风趣的语言、俏皮睿智的文笔、独具匠心的构思，为我们展开了历史的长卷。

一般历史书只是介绍过去发生过什么事情。而《人类的故事》不是这样，书中的故事短小精悍，每一章都可以独立成篇，巧妙运用对比的方法，将历史和现代加以对比，便于读者理解和思考这些历史事件。这些故事蕴含着房龙对人类过去和现在的深刻思考，以及对人类美好未来富有诗意的期盼。

我们可以使用这样的阅读单引领孩子在阅读知识性文本的过程中探索、总结知识点，梳理重要信息，获取自己需要的信息。梳理后，还可以用这样的阅读单对知识进行比较、分析、统整、归类、重构，形成属于自己的知识网。

《万物简史》

[美] 比尔·布莱森 / 著
严维明　陈邕 / 译
接力出版社

“宇宙大爆炸”“全球变暖”“可怕的瘟疫”…… 作者用超常的智慧、幽默风趣的笔法，将现代科学发展史讲得通俗易懂、引人入胜。

科学史上伟大与奇妙的时刻、近年来发现的最新科学史料、科学家们沉迷于研究发现的奇闻趣事，每一个故事都被作者描述得奇特而且惊人，《万物简史》被誉为一部有关人类科学发展史的具有里程碑意义的科普名著。

《万物简史》阅读单：读前、读中、读后

以下三列按读前、读中、读后三个时间段填写。

阅读章节	读前：阅读目录，关于它们，你想知道什么？	读中：你知道了什么？	读后：对这方面的问题，你还有什么疑问？
第一部 寥廓的空宇	宇宙到底有多大？太空中还有其他生命吗？	年龄：137 亿年。 直径：1.5 亿亿亿公里，有可能有其他生物存在。	宇宙爆炸前，它是什么样的？它在哪里？它的周围有什么？什么让它发生了爆炸？
第二部 地球的大小	人们是怎样知道地球的年龄、重量以及与太阳、月亮的距离的？	与太阳的距离：14959 万公里。 重量：597250 亿亿吨。 年龄：46 亿年。	其他星球有地球这样的地核吗？

阅读章节	读前：阅读目录，关于它们，你想知道什么？	读中：你知道了什么？	读后：对这方面的问题，你还有什么疑问？
第三部 一个新时代的黎明	爱因斯坦眼中的宇宙是怎样的？原子是什么？	爱因斯坦认为，时间是可以更改的，是不断变化的，甚至是有形状的。原子很小，数量众多，不可毁灭。	有超光速的事物存在吗？如果有一台这样的机器，我们是否可以回到从前？
第四部 处境危险的行星	地球有一天会毁灭吗？人类会灭亡吗？什么将会给地球带来危险呢？	来自外部的陨石撞击与内部的巨大能量，如火山、地震会给地球带来危险。	面对既存的危险，我们可以做些什么？
第五部 生命本身	什么时候开始出现生命？生命是从哪里来的？哪些地方会存在生命？生命是由什么组成的？	35亿年前的叠层石上就已存在生命；已达45亿年的默奇森陨石上布满74种氨基酸，其中8种跟形成地球上的蛋白质有关。灼热的海底喷气孔里，还有细菌……	人类可以利用哪些生物密码解决医学界的难题？
第六部 通向我们的路	人类最早在什么时候出现？人类为什么会成为高级生命？	非洲可能是人类最早的起源地，达尔文的《物种起源》解释了人类的进化过程。	人类怎样与环境和谐相处？

这张阅读单是依据读前、读中、读后产生的问题来设计的，它其实是KWL表的一种变式。KWL是一种有效的学习策略——主动阅读的策略，也是一种知识探究的形态，在阅读的前期、中期、后期都可使用，在阅读说明性文本和知识性文本中使用得比较多。

“K”代表“我已经知道了什么”（What I have known）。

阅读前，我们可以引导孩子们回顾已学的知识，最好的方式就是小组的孩子一起开展头脑风暴，或者相互对照、补充。如果出现错误，可以让孩子们在阅读中或阅读后自己发现并解决，当然也可以当时就提醒。这张阅读单中隐去了这个“K”，我们可以在使用阅读单前的阅读引导环节讨论这个“K”。

“W”代表“我想知道什么”（What I want to know）。

在这张阅读单中，我们把 W 用在阅读前的启动阶段：阅读目录，关于它们，你想知道什么？正式阅读前的提问可以帮助孩子们明确阅读目的，激发阅读兴趣，引发阅读猜测与思考。

“L”代表“我已经学到了什么”（What I have learned）。

这张阅读单的第二栏，正是借用了这个“L”，引导孩子们从不同的章节提取信息，整合知识，统整阅读的收获。

KWL 表这样的阅读单可以为读者提供一个思维框架，帮助读者阅读时了解某个主题知识。其实，KWL 表有不少变式。教师可以考虑增加以下栏目。

可以加上“H”（How）——“我是如何查找的”，加上之后阅读策略就变成 KWHL 了。

还可以加上“W”（Where）——“我在哪里找到的信息”，加上之后阅读策略就变成了 KWWL 或 KWLW 等。

我们可以依据阅读单开展文学圈式的阅读讨论，把孩子一个人的阅读变成伙伴式阅读讨论。

《希利尔讲艺术史》

[美]希利尔/著
李爽　朱玲/译
贵州教育出版社

希利尔，是美国著名的儿童教育家、科普作家，他一个人为孩子们创作了一套趣味盎然的历史、地理、艺术读物，并大获成功。其中，《希利尔讲艺术史》一书以简单的、口语化的语言，为读者宏观展示了人类历史长河中艺术的发展历程。

本书分为绘画、雕塑和建筑三部分。希利尔通过一个个生活中的小故事，讲述了艺术品诞生的过程——伟大的艺术品和伟大的艺术家皆有赖于专注力、热情、天赋和机会，他们背后是一个崇拜艺术、欣赏美的时代。

《希利尔讲艺术史》阅读单一：艺术和地域

请你拿出一幅世界地图，找到处在亚洲、非洲、欧洲三大洲中间位置的地中海。如果你对世界文明的发祥不是特别了解，请注意以下表格。

开始时间	文明地	地理位置
公元前5000年	古埃及	北非
公元前4000年	两河流域	西亚
公元前800年	古希腊罗马	南欧

在人类文明发展过程中，那些占据源头地位的伟大艺术品被创造时的地理位置，你现在应该了然于胸了吧！接下来，请你根

据这本书，完成以下表格。

	绘画		雕塑		建筑	
	相关章节	艺术特征或成就	相关章节	艺术特征或成就	相关章节	艺术特征或成就
古埃及	1—2	1. 画在陵墓上的民众、皇族、神明，以红、黄、蓝、绿、黑、白、棕几色为主	1—2	1. 代表国王和女王的陷浮雕 2. 斯芬克斯狮身人面像、木头做的布拉克校长、羊头圣甲虫雕像	1—2	1. 埃及金字塔（存放木乃伊的陵墓） 2. 用于敬拜的神庙（巨石阵）
两河流域	3		3		3	
古希腊	4—5		4—10		4—6	
古罗马	6—8		11—12		7—11	

《希利尔讲艺术史》阅读单二：艺术与政治

艺术的变迁必然与政治的变迁密切相关。接下来，我们来看看欧洲政治历史的变迁过程。

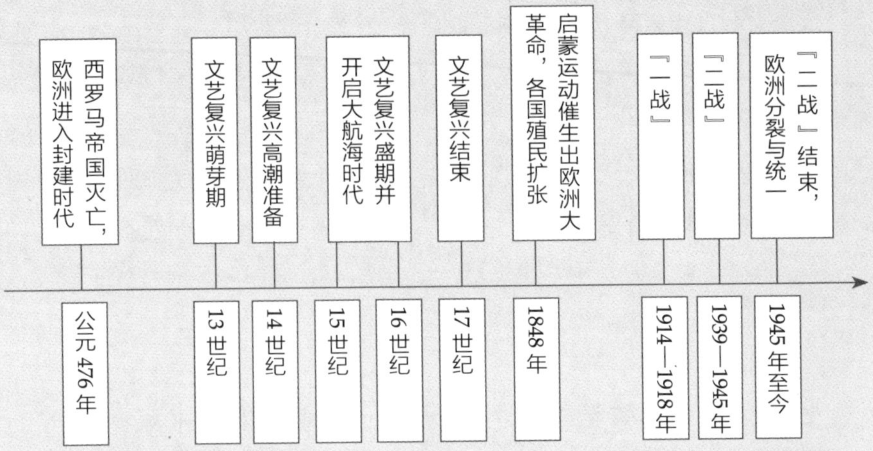

为什么要提到欧洲的历史发展进程呢？请继续往下看，待会儿你就会明白。

请你结合这本书中提到的国家，完成以下表格。

时期	章节	绘画繁荣的国家	章节	雕塑繁荣的国家	章节	建筑繁荣的国家
文艺复兴时期	9—21	意大利、威尼斯、佛兰德斯、荷兰、德国、西班牙	13—19		19—24	
欧洲大革命、各国殖民扩张期	22—28	法国、英国	20—23		25—26	
现代	29	法国、英国、美国	24		27—29	

接下来，我想你肯定能够在欧洲地图中找到希利尔在书中提到的那些地方。

也许，你始终找不到佛兰德斯。因为它位于现在的荷兰、比利时和法国交界处，现在已经不存在了。而威尼斯曾是一个国家，不过现在已经成了意大利的一座海滨城市了。

好了，现在你知道为什么要了解欧洲的历史进程了吧。因为艺术是历史的一部分，从书中我们可以看出古希腊和古罗马文明是欧洲文化的开端。希利尔在介绍文艺复兴开始的艺术时，主要介绍了欧洲资本主义开始发展和相对比较繁荣的几个国家的艺术。

《希利尔讲艺术史》阅读单三：重要的艺术家

希利尔在介绍文艺复兴时期艺术的发展时，提到一个很重要的国家——意大利。你能不能从绘画和雕塑两方面，对该时期重要的艺术家及作品进行整理？

绘画		雕塑	
主要艺术家	**主要作品**	**主要艺术家**	**主要作品**
科雷吉欧	帕尔玛大教堂里的圆顶画	吉贝尔蒂	《天堂之门》

希利尔在介绍绘画的变迁时，特别提到了法国大革命后出现在法国的几个绘画流派，并介绍了这些流派的主要推动者。你能回忆起来并简单整理这几个流派的绘画特征吗？

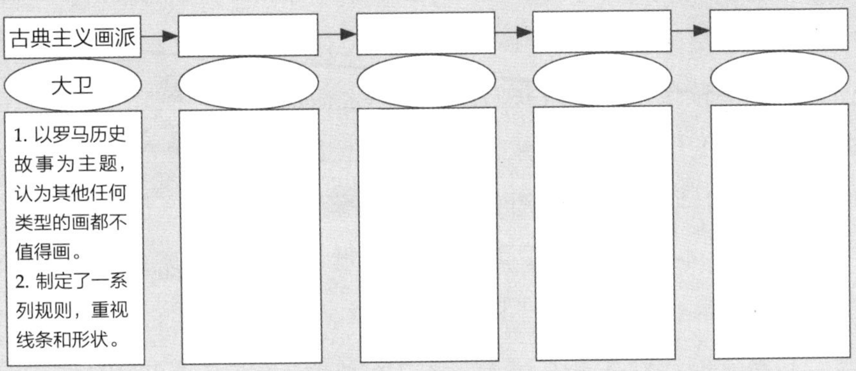

希利尔在介绍建筑的变迁时，将其分成两个板块：________和________。其中，在介绍欧洲房屋建筑风格的变迁时，根据罗马帝国的分裂分别介绍了影响东欧和西欧的不同风格以及该风格的艺术特征。请根据阅读内容完成以下表格。

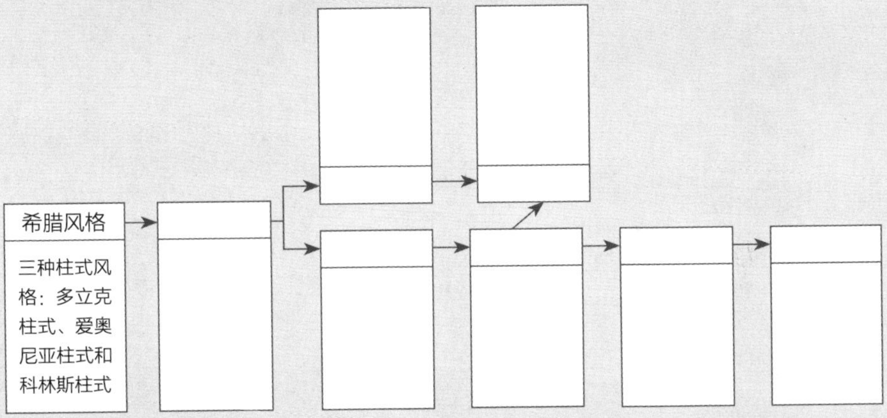

知识性读物的阅读单，尤其是个性化的阅读单是比较难设计的。

难在哪里？

难在设计之前，设计者要把书通读一遍，建构起自己关于本书的“知识体系”。

难在设计时，要考虑到形式与内容都要有趣，有料，有价值。

难在设计出来后，孩子们喜欢填写，又有填写的意义。

这三张阅读单就像是带我们进行艺术之旅的导图：有走进世界各地艺术馆和博物馆的线路图谱，有穿越千年的历史与绘画、雕塑、建筑的文明精髓，有各个时期、各个领域的艺术家和他们的作品展览……

通过这样的梳理与统整，我们将艺术世界直观地呈现在孩子们面前，唤起他们对艺术的喜爱和对艺术真谛的探索。

希利尔曾说，艺术源于生活，每个孩子天生就是艺术家，而每个真正的艺术家都保留了一颗童心。我们期待孩子们在阅读中能用那颗美好的童心去追逐艺术的美好。

9. 为人物传记设计阅读单

奥地利著名传记作家斯蒂芬·茨威格说过："读伟人的传记吧，与勇敢的心灵做伴！"这句话说明了人物传记对读者的重要意义。对广大青少年读者来说，阅读人物传记，可以学习杰出人物的优秀品德和高尚情操，从而树立远大的理想，培养顽强的意志。从这个角度来说，人物传记具有其他类图书所没有的独特教育作用。因此，如何读好人物传记对广大读者，特别是青少年读者来说是一个十分重要的问题。

《贝多芬传》

[法]罗曼·罗兰/著
傅雷/译
华文出版社

贝多芬出生于贫寒的家庭，父亲是男高音歌手，性格粗鲁，酗酒；母亲出身低微，是个女仆。贝多芬相貌丑陋，童年和少年时代生活困苦，还经常受到父亲的打骂。

贝多芬是个音乐天才，但他的音乐之路异常坎坷。他十七岁丧母，之后负责两个兄弟的教育。后来又经历失聪、失恋、经济困窘、亲友离世等一系列苦难。但这些苦难并没有使贝多芬屈服，他反而创作出了许多惊世杰作，以自己的创作风格扭转了当时维也纳轻浮的音乐风气。

《贝多芬传》阅读单一：角色素描

相貌

短小臃肿，外表结实，宽大的脸呈土红色，宽大的鼻子又短又方，额头突起、宽大，头发乌黑、厚实、浓密，嘴巴细腻，下唇常比上唇前突，牙床很结实，下巴左边有一个深陷的小窝。

性格

反抗命运，
向往自由、平等，
博爱，坚忍，
充满正义，
不屈不挠，勇于抗争，
命运多舛，却又矢志不渝。

名言

1. 我要扼住命运的咽喉。它决不能使我完全屈服……
2. 当我能叫出母亲这甜蜜的名字而她能听见的时候，谁又比我更幸福？

我对他的评价

贝多芬是一个不幸的人，他贫穷，残疾，孤独，他不断迎接痛苦的挑战，世界不给他欢乐，他却创造了欢乐并把它给予世界，让同样有着痛苦遭遇的人得到激励！

《贝多芬传》阅读单二：聚焦“痛苦”

作者紧紧围绕“痛苦”和“欢乐”这两个关键词谋篇布局，其中“痛苦”是贝多芬一生的主色调，而讴歌“欢乐”则是他的执着信念与不懈追求。

1. 贝多芬一生中都经历了哪些失败、挫折呢？

（1）出身贫穷。

（2）童年艰苦（不幸）。

（3）双耳失聪。

（4）爱情破灭。

（5）维也纳上流社会抛弃了他，他陷入贫苦中。

（6）重病缠身。

（7）朋友或分散，或死亡，或失和，他陷入孤独中。

（8）侄子无情无义。

2. 在贝多芬悲苦的一生中，你认为最让贝多芬感到痛苦，对贝多芬产生最大影响的事是__________？你的理由是__________

____

____

____

____

《贝多芬传》阅读单三：启示及依据

一本优秀的传记不仅能让我们认识世界，还会让我们更深刻地了解人生。从贝多芬的人生经历中，你是否获得了一些人生的启示？你能选择其中一个启示（论点），在□内打“✓”，然后在书中找出相应的依据吗？

□启示一：出身低微不表明人生不能精彩。

□启示二：身体残疾并不能阻碍人到达成功的彼岸。

□启示三：青年人不要被失恋击倒，从而一事无成。

□启示四：不幸或逆境更能激励人成才（或成功）。

□其他启示：________________

依据：________________

____

____

____

____

人物传记如何设计阅读单？

《贝多芬传》的这三张阅读单可以给我们一些启发。

第一，可以梳理人物的概况。设置什么项目，设置几项，因人、因书而异，项目可以是相貌、性格、名言、思想、成就、别人的评价等。人物传记是纪实性作品，内容以事实为基础。因此，我们可以借助传记大致了解历史人物。

第二，可以聚焦传记主人公经受的挫折。我们读传记，很快就会发现一件事，这就是那些高高在上的成功者，其实也曾有过迷茫、痛苦、失望、自卑，我们在工作、生活中遇到的那些烦恼，他们也曾面临过，而且他们面临的可能比我们还严重。我们阅读传记，主要学习的不是如何才能成功，而是如何面对困难。

第三，阅读人物传记，最重要的一点在于自己的思考，阅读不是把书浏览一遍那么简单。人物传记的主人公多是某一领域的杰出人物，但是读者不能因此就对主人公产生盲目崇拜心理，不能因此就对主人公的观点不假思索地一律赞成。要敢于通过思考提出自己的看法，要经常提炼对自己的生活有帮助的观点。当然，这些看法和观点必须建立在实事求是的基础上，要结合传记主人公的事迹客观分析。

《居里夫人的故事》

[英] 埃列娜·多丽 / 著
[英] 罗伯特·吉宾斯 / 绘
陈元飞 / 译
浙江少年儿童出版社

居里夫人，法国物理学家、化学家，两次获诺贝尔奖。

《居里夫人的故事》是作者为青少年撰写的一部居里夫人的传记。居里夫人一生命运坎坷，她幼年丧母，中年失夫，晚年始终被流言和疾病折磨，但她永不妥协，将坚毅、执着、勤奋发挥到极致，最终成长为一代科学巨匠。《居里夫人的故事》很好地诠释了居里夫人“对任何困难都决不屈服”的精神。

《居里夫人的故事》阅读单：聚焦生产镭的专利权

人生道路上，无论是学习，还是生活，抑或是将来工作，我们经常要面对选择。读完第十三章，我们知道居里夫妇发现并成功提炼了镭，却放弃了生产镭的专利权。在可以选择财富的时候，他们毅然选择了贫穷。经过那么多年的研究，吃了那么多苦头，眼看就要拥有巨大的财富，可以建立宏大的实验室等，他们却放弃了。你支持居里夫人这样轻易放弃专利权吗？你的天平偏向何方，请在相应的砝码上打"✓"，做出你的选择，写下理由（有几条就写几条）。

理由1：他们如果拿到了专利权，就可以从全世界所有镭制造商的手中获得利润。这份专利权将会给他们带来一大笔钱，这足够他们建立一个宏大的实验室。这样，他们就能做更多的事。

理由2：一旦做出放弃专利权的决定，将永远不可更改。而他们建设实验室需要钱。另外，他们应该为尚且年幼的女儿的将来着想。

理由 1：正如居里夫人所说："物理学家总是公开发表他们的研究。我们的发现不过偶然有商业上的用途，我们不能从中谋利。再说，镭将在治疗疾病方面大有用处，我觉得似乎不能借此谋利。"出卖他们关于镭的知识，这有悖于科学的精神。

理由 2：放弃了专利权，拥有的是更大的精神财富。居里夫人是个对科学有着执着追求的人，她想的是用科学服务人类。将提炼镭的方法公布出来，能让更多人受益，这正是居里夫人所期望的。所以，放弃专利权，居里夫人的内心会更加安然、坦然。

传记主人公的选择，是值得我们关注的。

放弃学医，从事文学，这是鲁迅的选择。

放弃学业，专注创业，这是比尔·盖茨的选择。

高位截瘫，几次濒临死亡，仍刻苦学习，这是张海迪的选择。

发现并成功提炼了镭，却放弃了生产镭的专利权，这是居里夫人的选择。

在人生的转折点，在人生的关键时刻，传记主人公所做出的选择往往反映了他们的世界观、人生观，他们的人生格局和他们异乎寻常的勇气。

因此，上面这张阅读单聚焦居里夫人的选择，并且引导孩子们思考居里夫人选择背后的原因，非常有价值。

《林肯传》

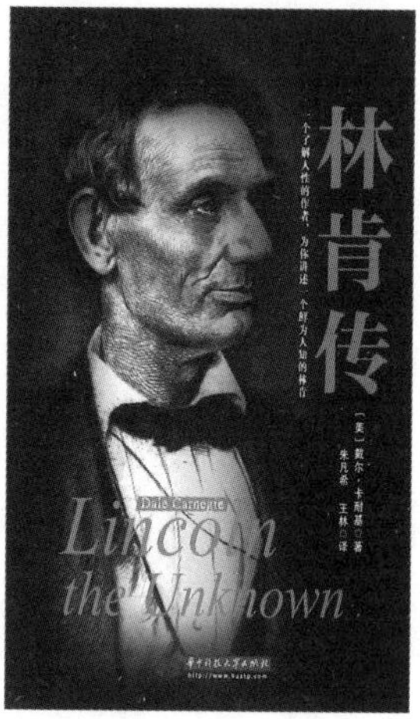

[美]戴尔·卡耐基 / 著
朱凡希　王林 / 译
华中科技大学出版社

传记主人公林肯是美国第16任总统，是世界上最伟大的历史人物之一，他领导了废除奴隶制度的南北战争，颁布了《解放黑人奴隶宣言》，为美国在19世纪末跃居世界头号工业强国开辟了道路。

传记作者卡耐基是美国作家、演讲家，20世纪最伟大的成功学大师。

这部传记是卡耐基在全面搜集关于林肯的资料的基础上倾心写就的。他用感人至深的笔触，生动再现了一个内心忧郁、富于理想、愈挫愈勇、满怀仁慈之心的平民总统富于传奇色彩的一生。

《林肯传》阅读单：我与林肯比童年

与林肯灰暗的童年生活相比，你对自己现在的生活状态有何感想？请制作一个对比表格。

灰暗的童年生活			我的感想
	林肯	我	
父亲	粗俗无知的流浪者 一事无成，一贫如洗 家庭责任感不强——最糟糕的父亲		

灰暗的童年生活			我的感想
	林肯	我	
母亲	穷困、疲累 不被世人接受的“私生子” 积劳成疾的苦命女人		
住房	整个屋子里臭味弥漫，跳蚤与臭虫横行		
食物	野生的猎物和坚果		
生活	比黑人奴隶还要穷困得多		
坎坷的求学之路			
	林肯	我	
学习年限	15 岁时开始上学， 加起来总共不过 12 个月左右		
学校	离家四英里		
教师	无知流浪教员		
学习条件	没有纸和笔，用木炭代替笔，在木板上书写，在木屋的墙上做算术题 没有书，便向别人借书，从头至尾抄在纸上，自制算术书		
学习表现	字写得清晰，笔迹与华盛顿和杰斐逊的相似 不仅写自己的思想，甚至写诗，文章引人注目 阅读是生命中最热爱的事情		

以下是一个学生的感想：

“一个人的成才与家庭背景并无必然的关系，不管出身如何，家境怎样，只要拥有梦想，渴望成才，并时刻为实现梦想积极准备、努力，就能成为一个人生充满意义的有用人才。”

阅读人物传记，必须充分了解人物所处的时代背景和社会环境，看到时代背景对人物行为的制约，而不能用当今的标准和观念去要求历史人物。在阅读之前要做好这方面的准备工作。只有这样，才能把人物放在他所处的时代中去理解，才能从历史的角度理解人物的抉择。

《改变世界的天才科学家们》

[韩]黄仲焕 / 图文
[韩]金弘栽 / 文
曹玉绚 / 译
河北教育出版社

爱迪生把鸡蛋抱在怀里试着孵出小鸡，是大家耳熟能详的故事。而对爱迪生的“竞争对手”特斯拉我们则几乎一无所知，尽管特斯拉同样是一位伟大的发明家，他的成就比起爱迪生有过之而无不及。

《改变世界的天才科学家们》一书选择了13位近现代科学发展史上杰出但我们比较陌生的科学家，用生动幽默的漫画形式介绍了他们在数学、物理、化学、生物、地质等科学领域的巨大贡献以及生平事迹。

这些伟大的科学家，除了天赋之外，也像许多常人那样平凡。他们最大的共同点是一生始终克服万难，孜孜不倦地进行研究。这充分显示，唯有衷心热爱科学，才能有志者事竟成。而阅读这些科学家的故事，不仅能引发你的好奇心，说不定还能让你对科学的理解更上一层楼。

《改变世界的天才科学家们》阅读单：生命的转折点

一个人生命中的关键人物、关键事件，会改变他，甚至改变他的人生轨迹。这本书中的科学家也是如此，是什么关键人物或者关键事件给他们带来了变化？给他们带来了什么变化？请完成下表，“你的理由”可以摘录书中的相关语句或自己梳理。

人物	关键人物或事件	带来的变化	我的理由
戈特弗里德·莱布尼茨	关键人物：惠更斯	专心研究数学，为创立微积分奠定基础	莱布尼茨没有灰心，在惠更斯的指导下专心研究数学，并在数学界崭露头角
莱纳斯·鲍林	关键人物：大学时的一位教授	教授推荐他做定量化学的讲师，鲍林不需休学便可以继续完成学业，做自己喜欢的研究	
弗朗西斯·克里克	关键人物：詹姆斯·沃森	从分析蛋白质结构到分析DNA结构，两人还合作制作了DNA双螺旋结构的分子模型	在研究道路上，遇到志同道合的人很重要
爱德华·威尔逊	关键事件：发现红毛猿猴的群居生活和蚂蚁的一样		由不同种类的动物有着相同的群居生活想到去分析人类的社会性行为，从而创立社会生物学

你还对谁特别关注？

人物传记有什么特殊性呢？人物传记是以传记的主人公为主线，写对主人公产生影响的因素。

第一类因素是人物，如父母、朋友、伴侣、同事等。

第二类因素是事件，既包括重大历史事件，也包括生活、工作中的关键事件。

第三类因素是细节，包括主人公生活、学习、工作中的细节。“细节决定成败”，杰出人物之所以能在关键时刻做出正确的抉择，与平时的不断学习、不断积累密不可分。主人公的成长与进步是通过细节表现出来的。

所以，很多人物传记的阅读单，可以围绕影响主人公成长的人物、事件、细节来设计，因为通过关注这些人物、事件、细节，可以全面了解主人公的心路历程，从而找出值得我们学习、借鉴的内容。

第四章

围绕阅读策略设计阅读单

卓越阅读者 = 阅读量 + 阅读策略的熟练运用。这已经慢慢成为很多人的共识。

什么是阅读策略呢？有这样一种阐释：阅读策略是指阅读主体在阅读过程中，根据阅读任务、阅读目标及阅读材料的特点等因素所选用的促进有效阅读的规则、方法和技巧。

我在《和孩子聊书吧——让孩子爱上阅读》中这样解释阅读策略：阅读策略指的是为了达到阅读目标所采取的一系列阅读方法和技巧。

从逻辑关系来分析，策略强调概括，方法更具体。策略指导、决定方法的应用。

那么，适用于小学生的阅读策略究竟有哪些？

我们可以对已经发表的文献中总结出的阅读策略进行梳理。

<table>
<tr><th>学者</th><th colspan="11">该学者列举的阅读策略</th></tr>
<tr><td>祝新华</td><td>提问</td><td>推理</td><td>综合</td><td colspan="2">监控理解</td><td>既有知识和经验运用</td><td>图像化</td><td>预测</td><td>找出主旨及重点</td><td>联想</td><td>作者的观点</td></tr>
<tr><td>赵镜中</td><td>提问</td><td>推论</td><td>统整</td><td colspan="2">监控理解</td><td>联结</td><td>图像化</td><td>预测</td><td></td><td></td><td></td></tr>
<tr><td>王林</td><td>问问题</td><td>阅读中和阅读后做出推论</td><td>整合信息</td><td>自我检查是否理解</td><td>修正误解</td><td>启动背景知识</td><td></td><td></td><td>决定文本中什么重要</td><td></td><td></td></tr>
</table>

梳理后，我们发现有五种阅读策略是重合的，分别是“提问”“推理”“综合”“监控理解”“既有知识和经验运用”。它们只是在表述上略有差异，其中王林博士将“监控理解”分解成“自我检查是否理解”和“修正误解”两条。

还有三种阅读策略，分别有两位学者提到，它们是“图像化”“预测”“找出主旨及重点”。

祝新华教授列举的阅读策略最多，共有十个。其中“联想”“作者的观点”，赵镜中教授、王林博士均没有提及，很可能，这两位学者觉得这两条可以归入“图像化”“找出主旨及重点”中。

王林博士没有提到“预测”和“图像化”这两条阅读策略，有可能他认为“预测”可以归入“阅读中和阅读后做出推论”中，“图像化”对小学生来说不需要特别强调。

可见当下语文学界对阅读策略的认识和研究是有争议的，也是不成熟的，还在发展中。

我不是理论工作者，通过上面的梳理、分析，我选出了七种适合用阅读单来练习的阅读策略，它们分别是“预测”“推理”“联结”“比较”“综合”“问问题”“思辨”。

为什么少了“图像化”的阅读策略？我们认为，“图像化”策略就是把抽象的语言文字具象化，并运用情节梯、框架图等将分析、概括、综合的思维过程可视化。而本书所探讨的阅读单都属于“图像化”策略。

为什么多了“比较”和“思辨”的阅读策略？我觉得孩子光会提取、概括、统整信息还不够，还要掌握更高层次的思维能力，那就是批判性思考和创意思考的能力。在阅读中，“比较”和“思辨”的策略是可以联系起来运用的，我们可以通过横向比较或纵向比较，从内容、主题、表达等多个角度进行同中求异、异中求同的辨析，形成辩证思考，深入阅读的内核，读出属于自己的思考。

1. 练习预测的阅读单

所谓预测，就是根据自己的经验和材料中的线索，对故事中将要发生的事情或情节做出猜测和预想。之后通过继续阅读来验证预测是否属实。

关于预测的练习，要注意以下几点。

（1）有起伏情节、清晰线索的故事性文本，适合作为初期练习预测的素材。

（2）预测训练的重点不是预测的对错。

（3）预测是否准确，可通过阅读文本得知。

（4）预测故事的发展能帮助孩子投入阅读。

（5）预测可以为下一步深入思考埋下伏笔。

《罗伯特的三次报复行动》

[法]让-克劳德·穆莱瓦/著
梅思繁/译
新蕾出版社

罗伯特老师刚一退休，就迫不及待地拿出学生名册，开始自己酝酿了37年的报复计划。

罗伯特老师想报复的学生太多了，最终他选择了三个。罗伯特的每一次报复都计划周密，且充满了让人意想不到的笑料：勒康的餐馆被闹得天翻地覆；吉约姐妹的美容院开张仪式被一堆垃圾搅乱；第三次报复行动的对象是已经成为歌星的马赛克毛毛……但最终罗伯特被她的经历和真诚所感动，以温暖和宽容原谅了曾经恶作剧的学生。

《罗伯特的三次报复行动》阅读单：我的预测

罗伯特报复学生的行动，前面两次都成功了。你觉得第三次会成功吗？为什么？

我的预测

线索和依据

线索和依据

线索和依据

这张阅读单就是让孩子们预测罗伯特的三次报复行动是否会成功。

相关证据留了三个空格，就是提示孩子们线索可以有多条，依据来自多个方面。

很多孩子在填写这张阅读单时，预测罗伯特对学生的第三次报复不会成功，线索和依据如下。

如果最后一次报复成功，那么报复就没有停止的时候了，作者写这部小说的意义便没有了。

小说的结局往往都是趋向完美的。第三次报复失败才说明罗伯特内心的愤怒已经抚平。这样显得故事一波三折。

从整个故事来看，罗伯特的本性并不险恶，反而挺善良。第三次报复不成功，符合人物性格。

孩子们填完阅读单后，围绕阅读单的教学重点是对线索和依据做出分析，进行分类，而不是简单判断预测的对错。

很明显，能帮助读者做出合理预测的线索和依据主要来自三个方面：(1) 生活经验；(2) 阅读同类文本的经验；(3) 这本书中的有用细节。

《戴脚环的大雁》

[俄]维·比安基等/著
韦苇/译
北京时代华文书局

《戴脚环的大雁》的主人公是一只戴脚环的大雁。这只大雁运气不错，被一对买了它的父子放生了。这只侥幸逃生的大雁，毅然踏上了漫长的迁徙之旅，天敌的追击、风雪的阻挠、饥饿与疲倦的困扰，还有人类的暗算……这是一段危险重重却散发出耀眼生命光彩的长途跋涉……

《戴脚环的大雁》阅读单：预测与验证

在小说中，戴脚环的大雁运气不错，被一对买了它的父子放生了。你觉得一只大雁被放生后会遇到哪些困难呢？把你的预测写在左边这一栏。小说里的白额大雁最终遇到了哪些困难呢？读完小说后，把你的发现写在右边这一栏。

我预测一只白额大雁被放飞以后，可能会遇到哪些困难或危险。	在故事中，白额大雁被放飞以后遇到了下面这些困难。
困难一：孤单失群	第二章：大苍鹰的袭击 第三章：在沼泽中，狐狸也想偷袭它
困难二：天敌的袭击	第四章：大苍鹰跟踪袭击它，鹫鹰突然飞扑过来 第五章：暴风雪
困难三：天气恶劣	第六章：浓雾 第七章：猎人打猎
困难四：再次被人类捉住	第八章：猎人打猎，大苍鹰再次出现

重读故事，验证了我的预测，我发现——

我预测的白额大雁会遇到的困难，小说里基本上都写到了。我看出白额大雁在获得自由的时候又时刻面临着危险，其中最大的危险来自人类。

这张阅读单的使用步骤如下。

（1）先看《戴脚环的大雁》的开头。

（2）填写阅读单左边这一栏，交流为什么会做出这样的预测。

（3）读完《戴脚环的大雁》。

（4）填写阅读单右边这一栏，核对梳理的信息。

（5）填写阅读单下面一栏，并分享。

从这些步骤中我们可以了解到，练习预测的阅读单要注意以下几点。

（1）既要给出一些信息，又不能给得太多。因此，“读到哪个地方停止”的要求要及时而明确。

（2）预测训练的重点不是预测的对错，而是预测的线索和依据。因此，在交流过程中，要引导孩子们思考“你为什么做出这样的预测”“他为什么预测得这么准确”。

（3）好的预测能引出下一步的深入思考。例如，这次预测就引发了“生命和自由哪个更重要”“人类是破坏大自然最大的力量吗”等讨论。

2. 练习推理的阅读单

《辞海》中这样解释“推理”:“由一个或几个已知判断（前提）推出另一未知判断（结论）的思维形式。”

阅读中的推理策略，就是利用文本和已有的知识背景，对文本没有明显表达出来的东西做出一些判断。

在小学阅读教学中，重视推理策略的学习与运用，有助于小学生丰富而深入地理解文本。

在具体的教学中，“联系上下文，理解词语的意思，体会关键词句表情达意的作用”“联系上下文和自己的经历，分享课文中有关词句的意思，辨别词语的感情色彩”等都属于推理。

《铁丝网上的小花》

[意] 格莱兹、英诺森提 / 著
[意] 英诺森提 / 绘
代维 / 译
明天出版社

“二战”时期德国的一个小镇上，一个名叫罗斯·布兰奇的小女孩，很偶然地发现郊外的铁丝网后面关押着穿条纹睡衣的犹太人，他们一个个饿得瘦骨嶙峋。小女孩冒着生命危险给他们送去面包，最终倒在了罪恶的枪口下。

罗斯·布兰奇并不是完全虚构出来的一个人物，她确有其人，只不过不是一个人，而是一群人。“二战”期间，德国出现了一个秘密组织，成员几乎都是德国青年男女，他们专门拯救受纳粹迫害的犹太人，这个秘密组织叫“Die WeiBe Rose（德语）”，翻译成中文就是“白玫瑰”。

《铁丝网上的小花》阅读单：故事发生的年代

很多读者看了这个绘本后，发现故事发生在“二战”时期，而且可以找到很多细节来证明，请你也去书中找一找这些细节。

书中的细节	我的推理
1. 小镇各处都有纳粹的旗帜与袖章。	故事发生在“二战”时期，最终法西斯宣布战败。
2. 德国士兵的衣服上和德国的坦克上都有黑十字标志，那是“二战”时期纳粹的标志。	
3. 书中的坦克都是“二战”时期的军用坦克。	
4. 那个铁丝网后面站着的人的左胸上都戴了一个黄色六角星。那个黄色的六角星是纳粹强迫犹太人佩戴的标志。	
5. 很多画面中的墙上都有德文标语，这是纳粹的标语。	
6. 倒数第二幅图中那些进来的士兵是苏联红军。	

在一些作品，尤其是文学作品中，作者不会对作品的主题、角色或事件进行完整、明确的描述，但他们会在文字或图画中留下一些线索，读者可以结合自己的背景知识做出推理。

这本《铁丝网上的小花》就是这样的。

绘本里，没有直接出现“二战”这样的字眼。

在绘本里，看不到“纳粹”“隔离”“屠杀”“悲惨”“压抑”这样的词语。

但我们可以感觉到。

在绘本里，可以看到锈迹、污水、残破的玻璃窗、破败的建筑物、满目的灰败与疮痍，这些都是土色的、灰色的。画面非常满，没有什么空隙，让人有点儿透不过气来。

在绘本里，可以看到狭窄的街道被一辆辆巨大的军车霸占，可以看到坦克，可以看到穿着制服的士兵，可以看到印有法西斯标志的旗帜、袖章。法西斯的标志是红色的，在图画中很刺眼。

在绘本里，可以看到栅栏、铁丝网，那就是禁锢、阻拦、隔离。

在绘本里，可以看到胖子，那胖子长得很“希特勒”，加上其蛮横的动作，让我们联想到强权、专制、镇压、暴力。

在绘本里，可以看到这样一群人，他们很瘦，眼神空洞，脸色苍白，佩戴着六角黄星，穿着条纹睡衣。条纹睡衣就是犹太人的囚衣。我们记得，《穿条纹睡衣的男孩》里的男孩穿着条纹睡衣，《钢琴家》里的钢琴家穿着条纹睡衣，《美丽人生》里的爸爸也穿着条纹睡衣。

这张阅读单，就是引导孩子在推理过程中培养这样一种能力——脱离文字表面的意思，领悟字里行间的提示或暗示。这是一种文学阅读能力。

3. 练习联结的阅读单

联结这一阅读策略是翻译过来的，这一策略的名称并未统一，有的翻译成“连结”，有的翻译成“联结”，有的翻译成“联系”，有的翻译成“联想”……

而且，对联结这一阅读策略的理解，似乎也没有统一。

有人认为，联结的阅读策略是指在阅读过程中，读者能够利用已有的背景知识、经历和体验，帮助自己理解正在阅读的文本内容。举例来说，有人读李白的《静夜思》，会想到介绍李白生平的文本，会想到其他思乡的诗，会想到自己离开家乡的感受……这些“想到”让他产生了独特的阅读理解与体验。孩子如果能够熟练使用这种阅读策略，即使面对非常陌生的文本，也可以迅速进入阅读情境，更好地理解文本内容。

也有人认为，联结的阅读策略是指在阅读过程中，读者用“在阅读中得到的感悟”反观、反思自己的生活。例如，书中主人公遇到的困难我遇到了吗？书中人物的品质我身上有吗？书中提到的观点我认可吗，对我有帮助吗？如果我遇到这样的事，我会做出同样的选择吗？

本书中的联结，指的是后一种，即读者用“在阅读中得到的感悟”反观、反思自己的生活。

《通往特雷比西亚的桥》

[美] 凯瑟琳 · 佩特森 / 著
陈静抒 / 译
新蕾出版社

故事发生在云雀溪，一个乡下小镇。

男孩杰西沉默寡言，不被人注意。他喜欢绘画，但不被认可，郁闷的他想通过赛跑夺冠证明自己的价值。女孩莱斯莉开朗不羁，下课敢和男生赛跑，还能跑第一，经常做一些让同龄人吓破胆的事。

两个特别的人渐渐成为莫逆之交。他们在树林深处荡着“被施了魔咒”的绳子进入一个叫特雷比西亚的幻想王国尽情玩耍。

一天，莱斯莉打算独自一人越过小河去特雷比西亚，但绳子断了，她死在了河里。杰西该如何面对和走出生活中的意外打击？

《通往特雷比西亚的桥》阅读单一：怎样才算是好朋友

毫无疑问，莱斯莉和杰西是好朋友，是真正的朋友，你看出来了吗？

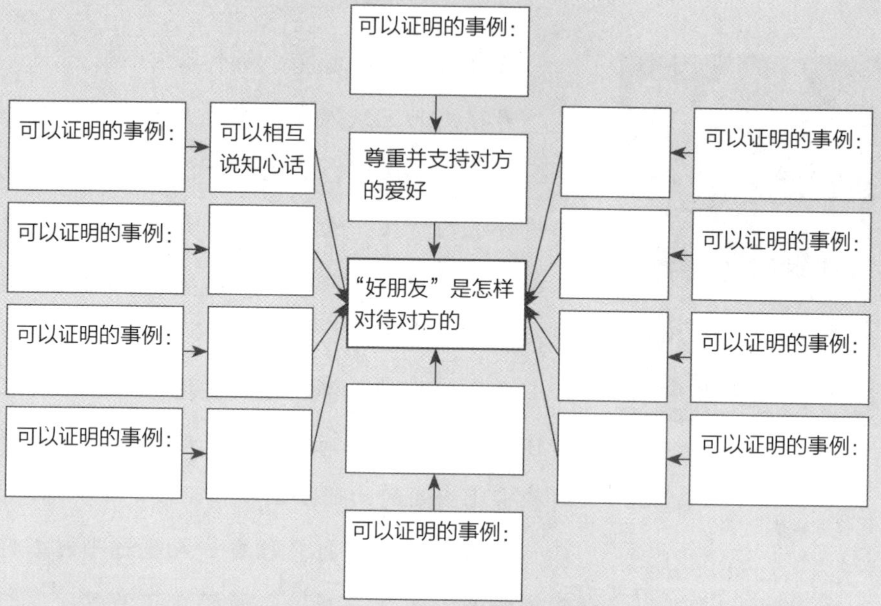

除了“可以相互说知心话”和“尊重并支持对方的爱好”，还有小朋友从莱斯莉和杰西身上总结了下面这些好朋友相处之道：会和对方的朋友交朋友、对待对方的父母很有礼貌、一方遇到困难时另一方会主动察觉、非常信任对方、不在朋友面前说对方的隐私……如果你填写上面这张表格有困难，可以参照这些相处之道。

孩子们在生活中对“好朋友”已经有自己的直观感受和零星思考，**这张阅读单是借助小说《通往特雷比西亚的桥》对“怎样才算是好朋友”这个问题进行系统的梳理和思考。**

首先，孩子们要对判断是不是好朋友的要素进行概括、提炼。例如可以相互说知心话、在对方被欺负时挺身而出、对待对方的父母很有礼貌、一起想象和玩耍、心里想念对方、非常信任对方、尊重并支持对方的爱好、会和对方的朋友交朋友、一方遇到困难时另一方会主动察觉、不在朋友面前说对方的隐私……

其次，孩子们要提供可以证明的事例，这些事例要在小说中寻找。

最后，也是最重要的一步，应该围绕这张阅读单让孩子们思考：“我在生活中有好朋友吗？”这样的问题可以将小说和生活真正联结起来，这样的思考可以让孩子们树立自己的“友谊观”。

《通往特雷比西亚的桥》阅读单二：在霸凌现场

这本小说中出现了校园霸凌，霸凌者就是“巨人”简妮丝·艾弗瑞，她老是欺负别人。你知道吗？如果一所学校经常出现霸凌现象，这所学校往往就存在下面这些角色。

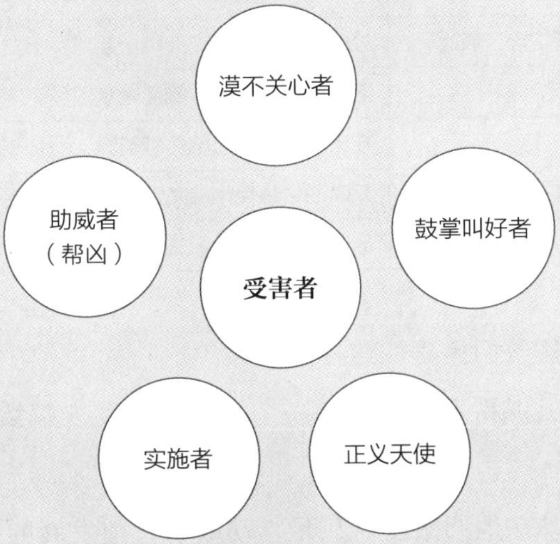

在“巨人”简妮丝·艾弗瑞欺负别人的时候，你看到这些角色了吗？

角色	他（他们）是谁	他（他们）的表现
受害者		
实施者		
助威者		
漠不关心者		
鼓掌叫好者		
正义天使		

一个孩子是这样填写的。

角色	他（他们）是谁	他（他们）的表现
受害者		
实施者	威尔玛、波比	经常和简妮丝・艾弗瑞一起欺负小女生
助威者	比利、宛达	团团围住莱斯莉，嘲笑她家里没有电视机
漠不关心者	格里格	在莱斯莉被团团围住嘲笑时，他和杰西打架
鼓掌叫好者	校车上起哄的同学	起哄说“慧优体牌减肥餐正等着你呢，简妮丝”
正义天使	杰西	敢于得罪简妮丝・艾弗瑞，拉着莱斯莉回到自己的座位上

实践证明，孩子们挺喜欢这样的阅读单。

这张阅读单可以帮助孩子们从一个全新的角度去解读小说中的一些场景和霸凌现象。

原来这些场景在他们眼里，只是推动故事往前发展的情节罢了。

现在他们发现可以借助这些场景去分析霸凌现象产生的深层次原因，于是产生了重读的兴趣。

更重要的是，孩子在阅读的时候会产生一种参与感，因为他们开始思考，在现实的霸凌事件中自己经常扮演的是什么样的角色。经常这样进行阅读联结会实实在在地影响一个人的生活。

《羽毛男孩》

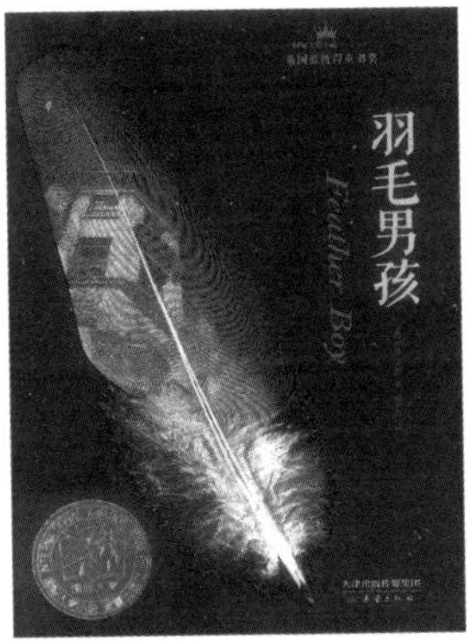

[英] 妮奇·辛娜 / 著
穆卓芸 / 译
新蕾出版社

罗伯特是一个木讷、孤僻甚至有些懦弱的孩子。一天，罗伯特在赡养院认识了艾迪丝，一个患了重病、神经兮兮的老太太。艾迪丝让罗伯特去一个地方——大家口中的鬼屋，传说曾有一个以为自己会飞的男孩在那里坠楼而亡。没想到被大家嘲讽、欺负的“班级笑柄”罗伯特对承诺的兑现异乎寻常地执着。他鼓起勇气去了鬼屋，发现了艾迪丝精神失常的原因，然后竭尽所能给艾迪丝以心灵上的抚慰……最终，罗伯特自己变了，变得勇敢、自信了。

《羽毛男孩》阅读单：认识“我”自己

拿出一张纸，在最上面写下“我的外在”，然后在下面写出别人眼中的你是什么样的。再翻到另一面，在最上面写下“我的内在”，然后在下面写出别人所不知道的你。如果让《羽毛男孩》中的罗伯特填写下面这样一张表，他会怎样填呢？请你以罗伯特的身份填写。

罗伯特眼中的自己

我的外在	我的内在

这张阅读单让孩子们用替换身份的方式进行换位思考，其实就是让孩子们与书本和主人公做联结。一个有经验的阅读者，常常会做类似的联结。

阅读时，我们想起自己曾经读过的那本书跟这本书所表达的观点差不多，想到读过的那个故事的主人公和这个故事的主人公的命运很相似。这是与书本的联结。

阅读时，我们想："假如是我，我会怎么做？我跟书里的人有相似之处吗？这本书与我有关吗？"这是与生活的联结、与自己的联结。

这张阅读单就是建立这样的联结。我们可以通过阅读单联结书本与书本，联结书本与生活，联结书本与自己，甚至联结书本与世界。

比如，**我们可以运用这张阅读单，帮助孩子们从书中角色的角度深入理解文本**。当然，抛出这些联结类话题之后还有两点需要注意。

第一，确保孩子们可以自由地、真实地发表自己的意见。不要把孩子们套进"标准答案"的圈里。

第二，努力让孩子们联结文本。很多教师引导孩子做联结时，会有这样的感受："聪明"的孩子往往会因为联结类话题的开放性而把话题扯远。这时候，聪明的处理办法就是让孩子联结回文本。

4. 练习比较的阅读单

比较是人类的重要思考方式，幼儿期的孩子，比较出事物的相同之处，会产生发现后的大喜悦。比较是思维活动的一个重要环节，比较能力的形成是思维能力提高的表现。

比较的阅读策略，就是把两种或两种以上同类或者有一定联系的文章放在一起比较分析其共同性和特殊性。

《蓝色的海豚岛》

［美］斯·奥台尔／著
傅定邦／译
新蕾出版社

这是现代版的《鲁滨孙漂流记》。

海豚岛是太平洋上的孤岛，因形状像侧躺的海豚而得名。一群印第安人生活在这里，与世无争。

阿留申人的到来改变了一切，他们肆意捕杀海獭，甚至伤害和杀死岛上的印第安人。岛上的人们为了生存，只能选择背井离乡。小姑娘卡拉娜因为弟弟错过了登船时间而回去找他，之后弟弟被野狗咬死，她开始了孤独而漫长（长达 18 年）的荒岛生活。卡拉娜在岛上独自修建住所，制造武器捕鱼狩猎，与野狗斗争……在求生的过程中，卡拉娜的心态、想法也在悄悄发生变化。

《蓝色的海豚岛》阅读单:《蓝色的海豚岛》vs《鲁滨孙漂流记》

提到荒岛生存故事，大家最熟悉的应该是《鲁滨孙漂流记》，那个凭着勇气和智慧在荒岛上顽强生存28年的英雄，实在太深入人心了。在《鲁滨孙漂流记》出版后的200多年里，许多作家尝试挑战这个题材，但基本上均以失败告终，其实不能说他们是失败的，只是他们的作品和《鲁滨孙漂流记》相比总是黯然失色。其中,《蓝色的海豚岛》是个例外。孩子们，当我们读完《蓝色的海豚岛》时，不妨将其与《鲁滨孙漂流记》做比较，梳理它们的相同之处和不同之处。

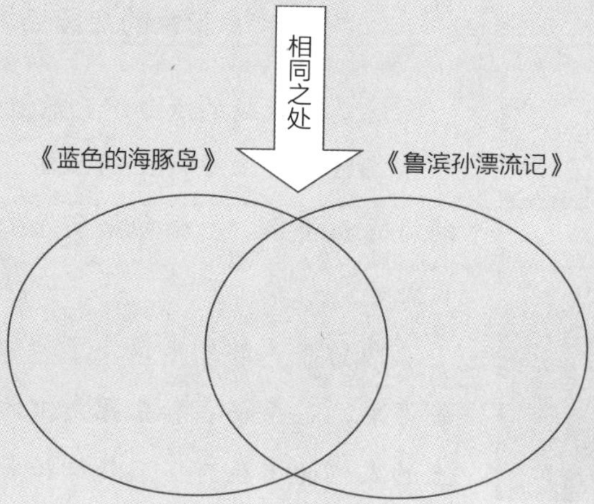

这两本书确实有**比较**的基础。

很多人认为《蓝色的海豚岛》是现代版的《鲁滨孙漂流记》，因为它们有太多相似之处。

两本书都是根据真实的事件改编的。《鲁滨孙漂流记》参考的事件发生在1704年。1704年，苏格兰海员塞尔扣克因同船长失和，被抛到智利海外的荒岛上，度过了四年四个月后获救。其实，塞尔扣克在荒岛上并没有什么值得大书特书的经历，但这个事件却给了笛福巨大的启发，他将塞尔扣克的历险活动改编成了一部影响深远的小说。《蓝色的海豚岛》参考的事件发生在 1835 年。1835 至 1853 年，一个女人在荒岛上生存了 18 年。这样的时间跨度，给了人们很大的想象空间。

不过，两本书也有明显的不同点，如下表所示。

《蓝色的海豚岛》	《鲁滨孙漂流记》
主人公卡拉娜是个女子，是个女孩子，是土著人	主人公鲁滨孙是个男子，是个成年男性，来自文明社会
人和动物都是卡拉娜的朋友	鲁滨孙和星期五是奴仆关系
卡拉娜很喜欢生活在岛屿上，她觉得在那里非常舒服	整座岛屿都是鲁滨孙的私人财产，是被他征服的，他一心想逃离孤岛
卡拉娜喜欢亲近大自然	鲁滨孙喜欢征服大自然

通过比较，我们对作品会有更深入的理解。

读完《鲁滨孙漂流记》，我们会发现鲁滨孙热衷于航海与冒险，并不是出于什么浪漫的、崇高的追求，完全是为了经济利益。鲁滨孙的“开拓精神”带有强烈的殖民主义色彩——征服，征服新大陆，征服自然，征服奴隶，征服其他文化。

作品所宣扬的思想，在当时很有“市场”。然而，这种思想与现在的普世价值观，例如与自然和谐相处、人与人平等、文化的多样性与多元共存等显然相背离。五六年级的孩子已经初步具有独立思考、批判性思考的能力，如果他们读完这本书后产生这样的疑问，教师就必须正视，不要简单地帮他们判断，而应该引导他们围绕价值冲突进行讨论。我个人往往会引导他们阅读另一部享誉世界的荒岛生存小说——《蓝色的海豚岛》，让他们进行比较阅读。

《蓝色的海豚岛》的主人公卡拉娜独自一人在海岛上生活了 18 年。她热爱海豚岛，热爱自然，在解决了生存难题之后，她就告诫自己尽量少杀生。在她眼里，海豚、海豹甚至咬死她弟弟的野狗都可以成为朋友，当她得知自己可以离开时，却对海豚岛充满依恋，她觉得自己已是海豚岛的一部分。很显然，虽然故事相似，但现代作家所要传达的却更符合时代的伦理需求、价值观念。

《彼得·潘》

[英] 詹姆斯·马修·巴利 / 著
靳锦 / 译
云南人民出版社

一个下雪的晚上，彼得·潘翩然来到落雪的窗前，林达家的三个孩子发现了彼得·潘，他们跟随彼得·潘飞到了梦幻岛上去生活。梦幻岛没让三个孩子失望，那里惊险，刺激，好玩。他们先后遇到了印第安人、鳄鱼、海盗、美人鱼……每当他们遇到危险时，彼得·潘总能大显身手，想出巧计搭救伙伴们。最后，林达家的三个孩子回到了家，回到了妈妈身边，而彼得·潘依然生活在梦幻岛上，选择永远不长大，永远没心没肺地活着。

《彼得·潘》阅读单：小说与电影的比较

《彼得·潘》是英国作家詹姆斯·马修·巴利的经典著作，因为这本书，他成为世界著名的儿童文学作家之一。后来人们将这本书改编成了电影、动画片等。观看电影《小飞侠彼得·潘》(2003 年上映版)，找出电影中的情节与小说中的一些不同之处。

你喜欢电影对小说中情节的改编吗？请结合具体的情节说说原因。

情节不同之处			我更喜欢…… 因为……
娜娜被赶出儿童房	小说	达林先生因为吃药的事，不仅欺骗了孩子，还把他的药倒进了娜娜的盆里，欺骗娜娜喝了下去。这位可怜的父亲为了证明自己的尊严，强行把娜娜拖出了儿童房，拴在了后院里。	
	电影	温蒂上课时偷偷画了一张她和彼得的画，老师写了一封信让人送到达林先生工作的银行。温蒂和两个弟弟还有保姆狗娜娜一起追进了银行，把达林先生和他的领导撞翻在地，让达林先生颜面尽失。他一气之下把娜娜赶出了儿童房。	
解救虎莲	小说	地点：美人鱼的环礁湖 俘虏：虎莲 事件：胡克捉住了印第安部落酋长的女儿虎莲，把她绑在环礁湖的岩石上准备淹死。彼得模仿胡克的声音，让他的部下放掉了虎莲，并与他进行了一番大战。 结局：鳄鱼吓走了胡克，彼得受伤被困在环礁湖的岩石上，后来梦幻鸟救了他。	
	电影	地点：黑暗的城堡 俘虏：虎莲、约翰、迈克尔、泰迪熊 事件：胡克捉住了虎莲和温蒂的两个弟弟，还有迈克尔的泰迪熊，把他们绑在黑暗城堡的礁石上准备淹死。彼得模仿胡克的声音，解救了他们。彼得与胡克展开了一场大战，温蒂和几个被救的孩子也勇敢地和海盗们展开了一场大战。 结局：鳄鱼出现了，胡克狼狈逃命。彼得和孩子们取得了胜利，在印第安部落庆祝。	
海盗船上的大战	小说	彼得先模仿鳄鱼肚子里的滴答声吓唬海盗，再利用计谋逐个干掉胡克的喽啰们，然后和胡克两厢厮杀，最后胡克大败，落入鳄鱼口中。	
	电影	胡克利用卑鄙的手段知道了飞行的秘密，学会了飞行，然后通过温蒂的故事了解到彼得的弱点就是他对温蒂的感情。胡克利用温蒂即将离开彼得回到家乡的事情刺激彼得，把彼得打倒在地。最后关头，温蒂轻轻吻了彼得，温蒂的吻给了彼得力量，彼得不再难过，战胜了胡克。最后，胡克被攻破心理防线，失掉了飞行的能力，落入鳄鱼的口中。	

这张阅读单对比了小说《彼得·潘》与电影《小飞侠彼得·潘》在情节上的差异。

其实文学作品与影视作品的区别，就像诗与画的区别。虽然同样是艺术，但是两者带给人的感受是不同的。文学作品如诗，影视作品像画。文学作品是一种通过语言文字发动想象力的艺术，而影视作品则更加注重视觉效果。

这张阅读单通过对小说和电影情节的三处对比，让孩子们选择更喜欢哪个情节，并写出喜欢的原因，目的是通过比较让他们更深入地了解文学作品的情节设置与影视作品的情节设置的区别；通过不同的细节处理让孩子们感受它们所呈现的不同效果，帮助他们更深入地比较不同的情节背后作者的不同想法。

《5月35日》

［德］埃里希·凯斯特纳／著
刘冬瑜／译
明天出版社

5月35日这一天，男孩康拉德要完成一篇关于南太平洋的作文，在大黑马的帮助下，康拉德和叔叔林格尔胡特踏上了去南太平洋的路。

他们经过了懒人国、古城堡、颠倒世界、自动城，最后来到了南太平洋。

康拉德回到家后，根据自己去南太平洋的见闻，很快就写好了一篇作文。

《5月35日》1931年出版，后来被禁止了一段时间。很多人说，这部幻想小说充满了对现实的讽刺与批判。

《5 月 35 日》阅读单：林格尔胡特叔叔 vs 康拉德的爸爸妈妈

幻想小说中往往有两个世界，一个是我们生活的现实世界，另一个是一切皆有可能的幻想世界。小说里的人物经常在现实世界和幻想世界之间穿梭。这本书把大人分为两类，一类是能够通往幻想世界的，另一类是只能停留在现实世界的。那么能通往幻想世界的林格尔胡特叔叔和康拉德的爸爸妈妈到底有什么区别呢？

幻想世界

林格尔胡特叔叔	康拉德的爸爸妈妈
1.	1. 听孩子说话总是不耐烦。
2. 喜欢孩子，会陪孩子吃一些古怪的食物，愿意陪孩子玩耍。	2.
3.	3. 很严肃，没有想象力。
4. 自己就像个孩子，有童心。	4.
5.	5.

现实世界

书中哪些人会遇到“穿越之门”？

康拉德的爸爸不会。

康拉德的妈妈不会。

林格尔胡特叔叔呢，他会遇到。

在作者凯斯特纳眼里，只有像林格尔胡特叔叔这样的人才会遇到“穿越之门”。林格尔胡特叔叔有什么特别之处？

你没发现吗？他会和侄子趴在窗台上朝下面的大街上张望。他会和侄子吃一些乱七八糟、稀奇古怪的食物，例如脆面包圈加果酱。他会一只脚走在马路上，一只脚走在人行道上。他会抱一床鸭绒被铺在书架下面，让凳子从上面跳下来。他会在房间里玩“跳马”，撑着桌面嗖地就跳过去了。

你发现了吗？林格尔胡特叔叔是个大人，但有时候他就像个孩子。

很多时候，我觉得凯斯特纳写林格尔胡特叔叔，就像在写自己。凯斯特纳没有结婚，没有孩子，但他喜欢孩子，也像个孩子，喜欢幻想……关于喜欢孩子这一点，他是经常挂在嘴边的。他说过很多很特别的话，例如：很多很多人“像对待一顶旧帽子一样把自己的童年丢在一边，把它们像一个不用了的电话号码那样忘得一干二净”。例如：“只有那些已经长大，但却仍然保持了童心的人，才是真正的人。”

在故事里，像孩子一样的大人，总会有优待，总会有特别的经历。因为他们相信一匹黑马的话，他们真的会钻进一个15世纪的衣柜的。要知道大部分大人，不仅自己不会钻，也不许孩子去偷看，更不许孩子踏入一步。

有趣的幻想会让孩子们笑声不断，阅读幻想小说是快乐的。然而，阅读不应该仅仅是为了获得快乐。在好玩的故事背后，肯定有什么值得孩子们思考。

每一个人曾经都是一个充满幻想的孩童，但随着年岁的增长，多数人将逐渐丢失幻想的能力和快乐。什么样的人才能永葆童真？什么样的人才能进入幻想之门？我们是不是可以把这作为《5月35日》这本书贯穿始终的中心呢？

让孩子们围绕这个中心进行比较，一则可以帮助他们进一步领会主题，二则可以引发他们深入思考：幻想需要什么？童真多么珍贵。

《西顿动物故事》

[加] E.T. 西顿 / 著
蒲隆等 / 译
广西师范大学出版社

《西顿动物故事》一共收录了九个短小的动物故事。西顿用简练的文笔记录了一些动物的生活，例如喀伦泡之王老暴、乌鸦银斑、白尾兔豁豁耳，还有猎犬、野马、黄狗、松鸡……这一个个独立的故事共同点也很明显。例如，故事的主人公都很厉害，都“天赋不凡”，他们聪明、强壮、勇敢、漂亮。例如，这些动物只是为了活下来、为了自由，就要付出巨大的努力。在书里，西顿强调的是动物的仇恨、寂寞、饥饿、痛苦这些最基本的感情。

《西顿动物故事》阅读单：比较故事的结尾

九个扣人心弦的精彩故事，让我们认识了九个了不起的动物。故事里的他们无一例外都是动物界的精英，或者具有非凡的天赋，或者具有超强的能力，或者具有了不起的智商，或者拥有令人惊叹的情商。在生活的历练和自然的考验面前，他们从来都抱着“朝闻道，夕死可矣”的态度。他们不忘苦练本领，勇敢面对生活，勇敢面对挑战。但结局呢？

故事	结局
喀伦泡之王老暴的故事	因为失去自由、失去爱人、失去尊严，心碎绝望而死。
乌鸦银斑的故事	在夜里被天敌猫头鹰从栖息地拖出来残忍地杀死。
白尾兔豁豁耳的故事	组建了大家庭，继续生活在那个环境复杂多变的沼泽地里。
小狗宾果的故事	他吞食了被人类下过毒的马肉，中毒而死。
泉原狐的故事	在失去丈夫、孩子之后，一心想告别这个伤心地，黯然地孤身远去。
遛蹄的野马的故事	在确定失去自由之后，登上陡峭的悬崖，跳崖而死。
黄狗巫利的故事	因为咬死别人家羊的事情败露，他疯狂地撕咬主人的大女儿，被主人用柴钩敲碎脑袋而死。
松鸡红毛领的故事	被猎人设置的圈套吊在空中，最后一只大角鸮结束了他的生命。
白驯鹿的传奇故事	白驯鹿帮助人们阻止了挪威内战的爆发，后来他却跟着那个企图出卖祖国的叛徒一起消失了……

你认为，西顿笔下的这些动物界的英雄为什么都会遭遇如此悲惨的结局？

理由一：____________________

理由二：____________________

这张阅读单聚焦结局的比较。通过结局的比较，我们发现，故事的**主人公都是没有好下场的**。

在西顿的小说里，主人公都没有什么好下场，说得过分点儿，都是"不得好死"的——或者丧命于恶劣的自然灾害，或者葬身天敌之腹，或者惨死在人类手里……对野生动物来说，他们每天的主要任务就是逃生，他们每天都要小心翼翼，避免任何失误。因为就算很小的失误，对他们来说往往都意味着死亡。在动物世界，根本不存在什么安享晚年、终老一生。这些听起来非常残酷，但这就是真实的动物世界。

优秀的动物小说作家有能力用自己手中的笔反映真实的动物世界，因为他们都有实实在在近距离感受、观察大自然的经历。就说西顿吧，他在加拿大长大，在那个森林覆盖率很高的国家长大，十几岁时他便渴望将来做博物学家。他常年生活在野外，对动物有真正的了解。

5. 练习综合的阅读单

综合的阅读策略包括将新旧资料综合为一个新的构思和概念、把比较琐碎的知识提炼成重要的概念，以及放弃一些不太重要的信息、确认要点等。

在语文教学中，概括段落大意、把握文章的主要内容、了解事件梗概等表层概括和概括文章中心思想、人物特点、写作特点等深层概括，都属于综合的阅读策略。

《疯羊血顶儿》

沈石溪 / 著
浙江少年儿童出版社

一只叫“血顶儿”的盘羊，在诞生之际就遭遇了母羊被狼群噬杀的惨剧。那一片血光成为“铸定式的印象与记忆”，永远笼罩在血顶儿的头上，改变了它作为盘羊与生俱来的软弱、温和的属性。它将生命中的大部分时间用于强制改变羊角生长的方向，痛苦而顽强地将本应盘曲的羊角，在石头缝里一点点扭转成向前生长的利角，而它忍受生理的痛苦、种族的歧视所要做的这一切，都只是为了一个信念：找杀戮母羊的黑母狼复仇！最后，血顶儿为了保护大家，用尽生命的力量和狼去对峙时，它的伙伴，那些漂亮的羊，却欺骗了它，把它遗弃了……

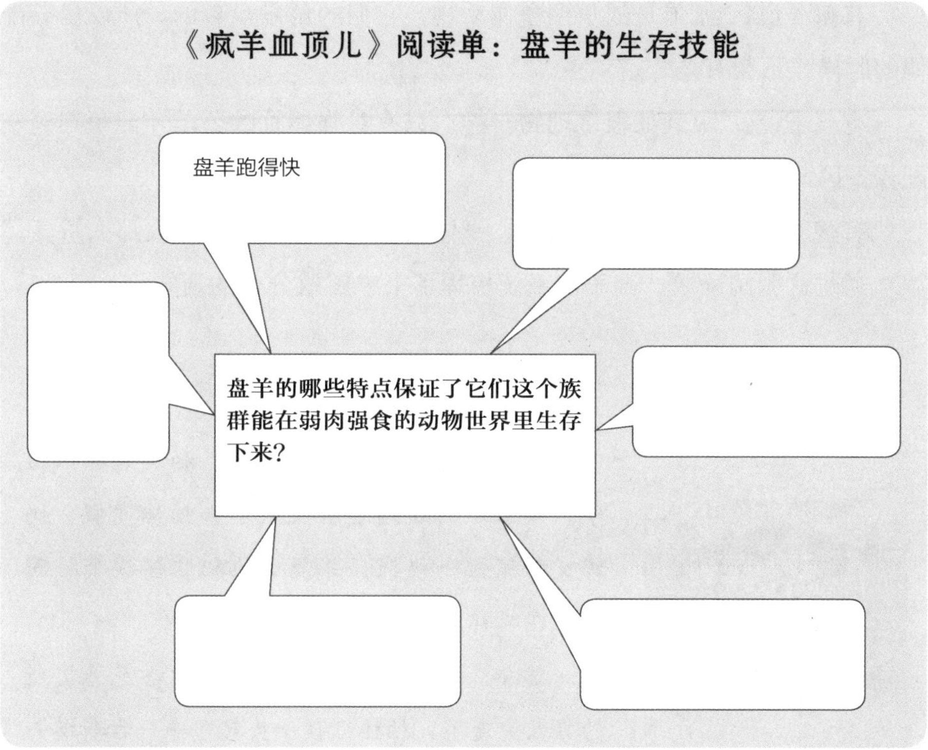

在阅读时，我们会获取一些新的知识，这些知识都是零散的，彼此之间好像没什么关系。其实，我们可以通过某个问题或线索把这些知识梳理一下。

比如，**这张阅读单就是用“盘羊的哪些特点保证了它们这个族群能在弱肉强食的动物世界里生存下来”这个问题来进行知识的串联和统整**。围绕这个问题，孩子们有了很多发现。

有孩子说：“盘羊非常警觉，能及时发现敌情，而且跑得非常快，这保证了这个族群能在弱肉强食的动物世界里生存下来。”

有孩子说：“盘羊的幼稚态很短，十几分钟之后，刚出生的羊羔就可以自如行走。如果像人一样，十多个月之后才能蹒跚学步，应该活不下来。”

有孩子说：“盘羊的生活环境很恶劣，几乎每天都有生离死别，但它们的‘悲痛期’很短，它们能比较快地从失去亲人的痛苦中走出来。”

有孩子说：“盘羊是战争型争偶动物，它们的角是盘着的，所以争夺配偶的时候，不会有伤亡。”

有孩子说：“跟其他很多动物一样，只有身强体壮的公羊才能争夺到交配权，因此盘羊也是优生优育。”

有孩子说：“母盘羊分娩之后，身体也能很快恢复，不像人那么娇气。”

通过这张阅读单，孩子们系统梳理了书中零散分布的新知识。

《埃米尔擒贼记》

［德］埃里希·凯斯特纳／著
华宗德　钱杰／译
明天出版社

埃米尔五岁时失去了父亲，和妈妈相依为命。埃米尔的姨妈邀请埃米尔去柏林度假，妈妈交给了他一些钱，并嘱咐他把这些钱带给同样住在柏林的埃米尔的外婆。

途中，埃米尔的钱被一个自称格龙德艾斯的男人偷走了。柏林“孩子头儿”——古斯塔夫听说了埃米尔的遭遇后，找来了大约 20 个孩子一起追捕格龙德艾斯。事情发展到最后，许多孩子都被调动起来，数量一度达到 100 多个，他们一起“围剿”格龙德艾斯。终于，格龙德艾斯走投无路，被逮捕进了监狱。而埃米尔也要回了他的钱，并得到了一笔丰厚的奖金。

《埃米尔擒贼记》阅读单一：跟踪窃贼

当埃米尔断定是格龙德艾斯偷了自己的钱时，便决定跟踪他并要回属于自己的钱。在最终擒获小偷前，埃米尔一路跟踪小偷

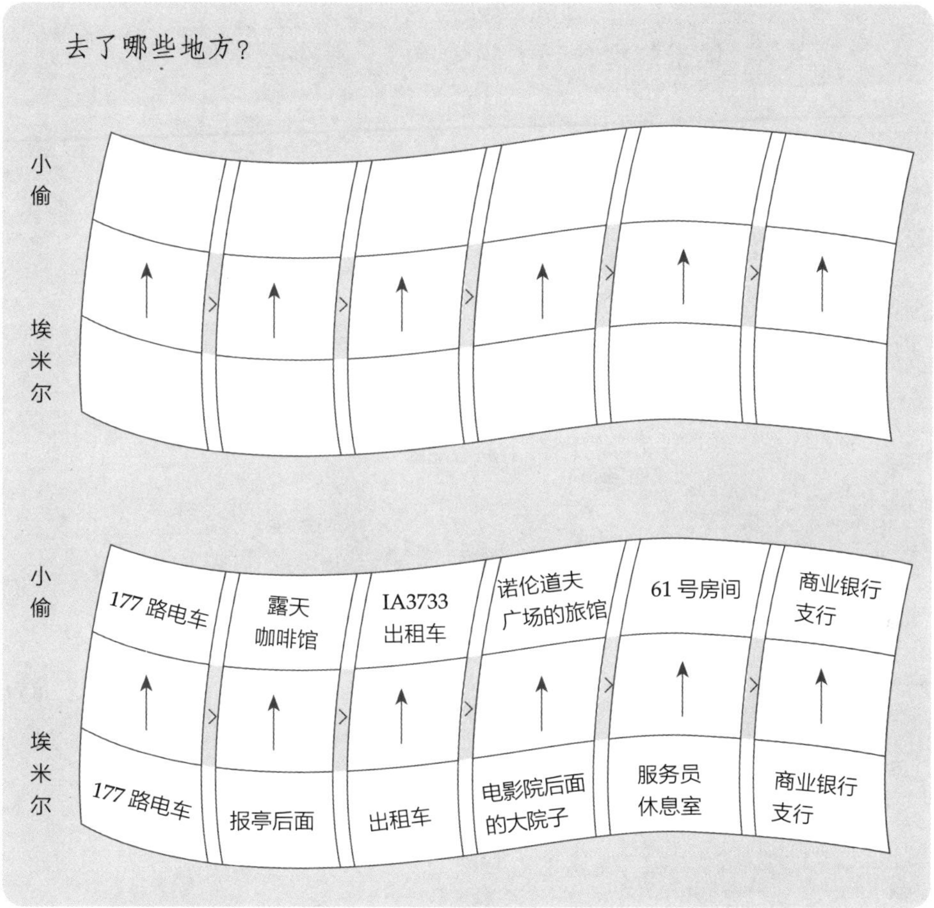

这张阅读单，就像一张故事地图，把埃米尔惊心动魄一路追赶小偷的路线清楚地记录下来。你别小看这样的梳理，我们在梳理过程中也把埃米尔所经历的事件串联了起来。

孩子们在梳理过程中很容易发现，这一路上的经历，也是男孩们的成长经历。在这成长的路上，充满好奇，充满冒险，充满激动人心的擒贼行动。

因此，我们还可以让孩子们利用阅读单来讨论埃米尔他们这一路上遇到的困难、做出的选择，从而进一步深入文本去探索成长的秘密。

《埃米尔擒贼记》阅读单二：任务分配图

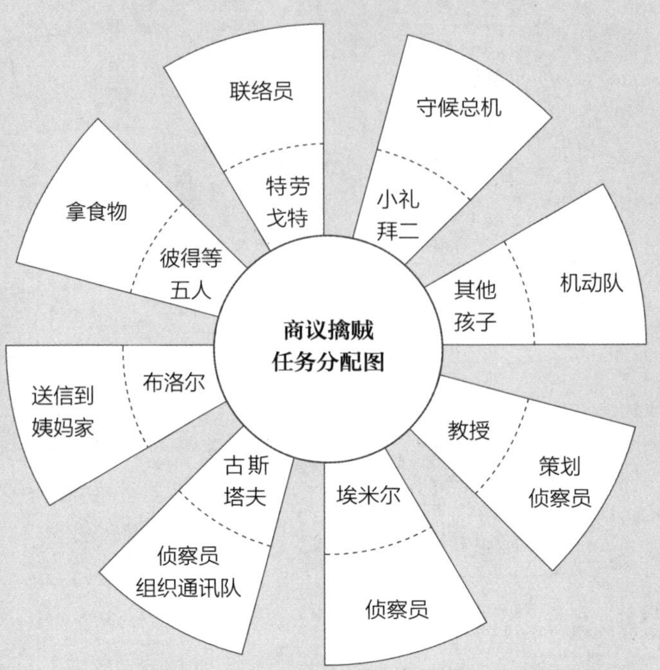

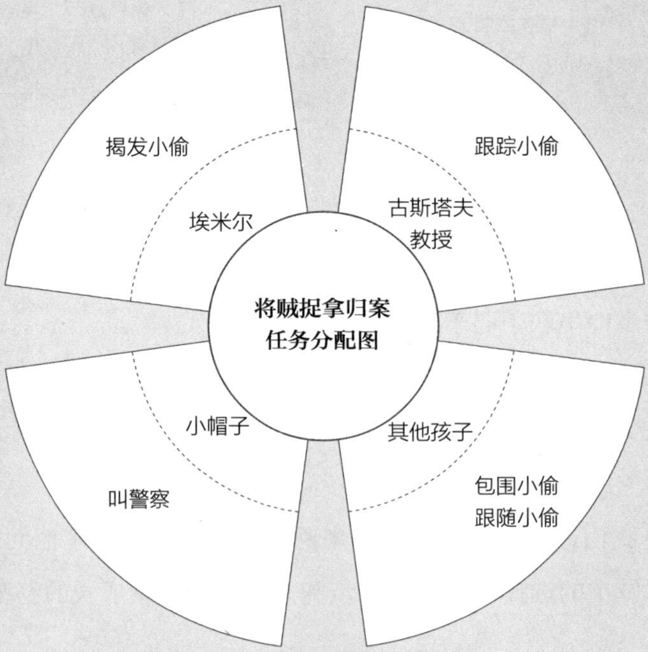

这是一张很有趣的阅读单，孩子们肯定喜欢这样的阅读任务，愿意参与其中，和小说里的主人公们一起制订计划，解决问题。

在成长的过程中，我们总会遇到很多困难，它们需要我们去选择如何面对、如何解决。这张阅读单让孩子们梳理每个人不同的任务分配。在梳理中孩子们会发现不同的人，有不同的个性，分配的任务不一样。他们不仅分工明确，而且充满智慧。

我们可以跟孩子们探索阅读单中这样分配的巧妙之处，然后不难发现一路上小主人公们遇到的困难、解决困难的方式以及故事背后的深层情感。

困难	解决方式	故事背后的深层情感
坐错车，没钱买车票	陌生人为埃米尔买车票	信任、冷漠
没人帮助，自己孤零零的	带喇叭的孩子召集同伴，明确分工	信任，团结协作
如何对付小偷	1. 小礼拜二留在家中接电话 2. 教授分派工作 3. 替埃米尔给家人捎信	认真负责 团结互助、教授统筹规划 友谊
不了解小偷	古斯塔夫当暗探去了解小偷的现状	机智、聪明、友谊
小偷走出旅馆	大家围攻小偷	团结互助、团结协作
小偷不承认偷钱	埃米尔举出别针的用途	镇定、聪明

在这一过程中，我们认识了一群性格各异却非常可爱的男孩。

古斯塔夫：见义勇为，助人为乐，号召力强。正是在他的建议下，小朋友们立即组成一个战斗集体，大家同心协力地帮助埃米尔。

教授：聪明伶俐，遇事不慌，有组织能力，又能预见事情的发展，像个小诸葛亮。

小礼拜二：是他们中年纪最小的一个。他很想和大家并肩战斗，但是分配给他的任务却是回家去看守电话机，负责各路追兵之间的通讯联络。他乐于接受这个任务，并且始终坚守自己的岗位。最后大家表扬他的时候，他说："一个孩子只是做了他该做的事。"这表现出了他的质朴和谦虚。

《孔子的故事》

李长之 / 著
二十一世纪出版社

《孔子的故事》有两个特点非常突出。一、这是一部严谨的历史人物传记，整本书只有7万多字，但脚注却多达240多条，引用的历史书有几十种之多。二、这是一部写给孩子看的历史人物传记，作者李长之用通俗而富有情感的笔法讲述了孔子上下求索的坎坷一生。全书截取了他一生中精彩的片段，以故事的形式进行深入浅出的讲解。

通过本书，我们可以发现孔子有十五岁便“志于学”的少年意气，有夹谷会齐时牛刀小试的喜悦，有见君王“好德不如好色”的悲叹，有率领众弟子奔波辗转如丧家犬的艰辛，有命悬一线却不改从容的气魄，有至死不渝追寻理想的执着。

《孔子的故事》阅读单：孔子的名片

阅读《孔子的故事》这本书后，请你为孔子设计一张名片吧！

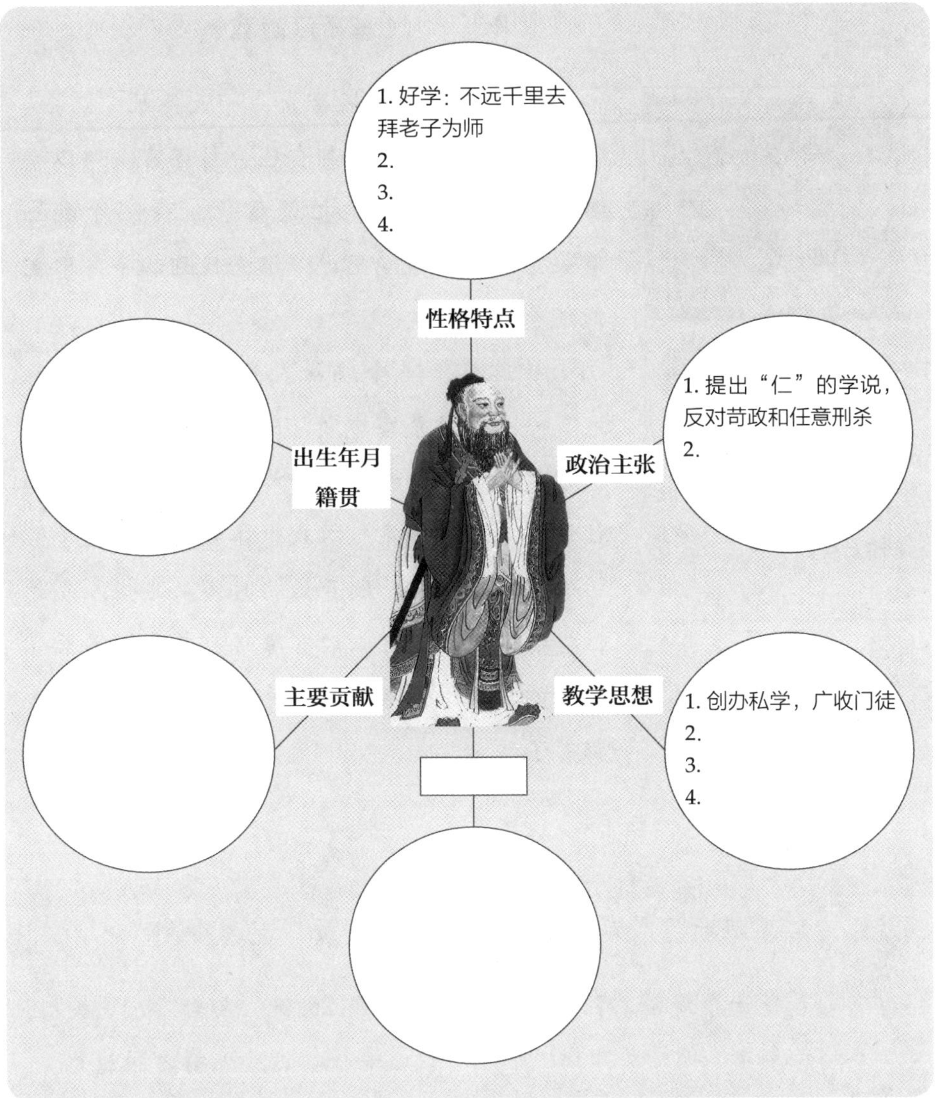

这张阅读单就是一张孔子的名片。制作人物的名片让我们知道，要了解某个人物，需要整合分析书中这个人物的外貌、言行举止、背景资料、性格特点、主要事件（贡献）、思想、主张等。整合这些信息，能帮助我们更全面、更立体地了解和评价这个人物。

《威斯汀游戏》

[美] 埃伦·拉斯金 / 著
李鸥 / 译
新蕾出版社

威斯汀是个超级富豪，一天他被“谋杀”了。他似乎早就预感到自己会被谋害，所以早早立了一份遗嘱，他把遗嘱寄给了16个和他有关系的人，遗嘱里说，谁先找到凶手，谁就能继承一大笔遗产。

就这样，16个继承人开始了“威斯汀游戏”——抓住杀害威斯汀的凶手。到最后，他们才发现这一切都是威斯汀预先安排的，他要让这些人在“破案”游戏中体会到爱，思考生活的意义。确实，刚开始的时候，这些人或者性格有缺陷，或者心理有障碍，或者微笑里有隐秘的哀伤，但游戏之后，每一个人或多或少都有了改变。

《威斯汀游戏》阅读单：人物关系“连连看”

这是一个烧脑的故事，故事里出现了20多个人物，人物关系错综复杂。阅读故事时，我们可以试着梳理这些人物之间的关系，还可以用不同颜色的笔，给不同组别的人做区分，这会让你的阅读更加清晰。

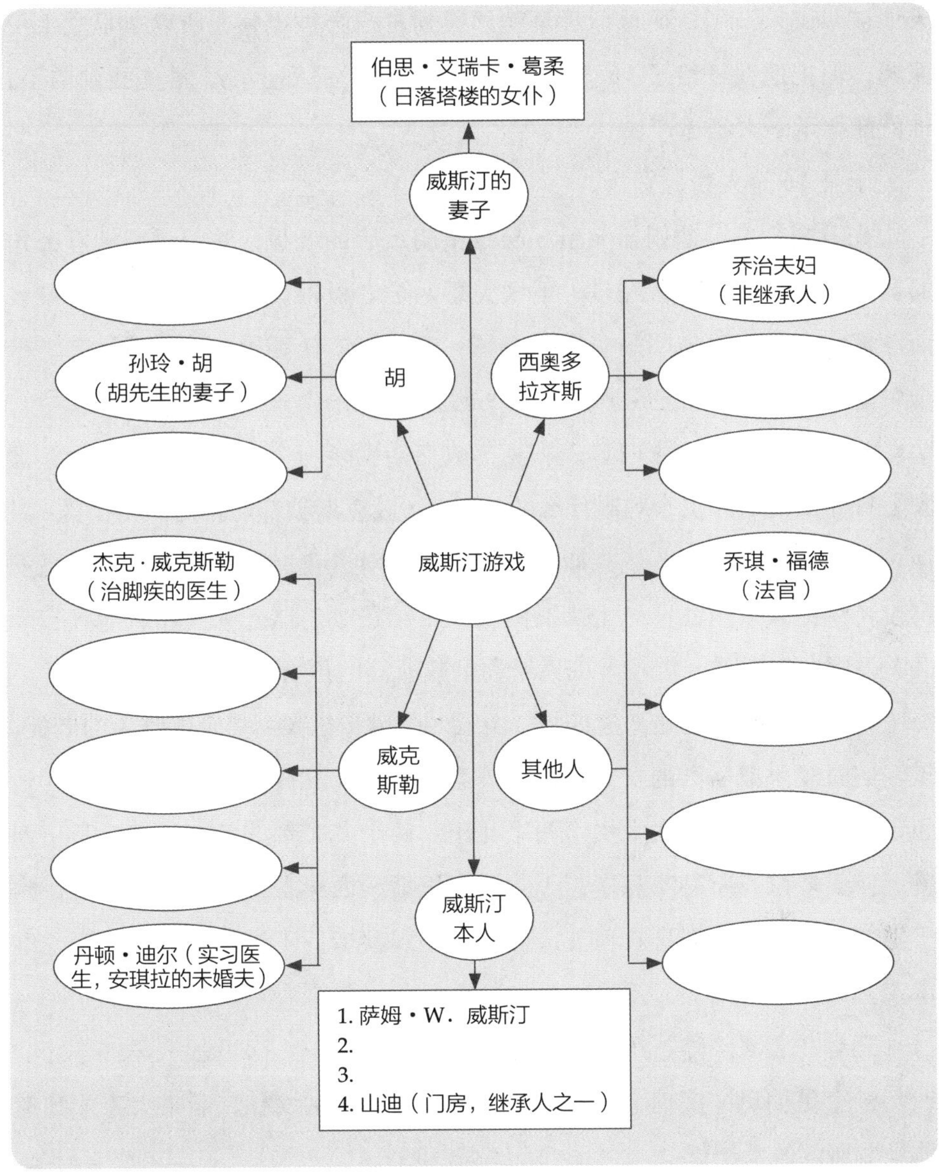

不是读任何小说都要画人物关系图，但是读《威斯汀游戏》时，画人物关系图特别有必要。借助图理清人物关系后，这个看似复杂的故事，就清晰起来了。

这个故事是围绕威斯汀这个人物展开的。威斯汀是个超级富豪，一天他被“谋杀”了，而他似乎早就预感到自己会被谋害，所以早早立了份遗嘱，他把遗嘱寄给了16个和他有关系的人。遗嘱里说，谁先找到凶手，谁就能继承一大笔遗产。

于是16个人粉墨登场。

先看胡一家。詹姆斯·星·胡是星胡饭店的老板，曾经是威斯汀公司的员工，他和威斯汀曾经是上下级关系，是老板跟员工的关系，后来被威斯汀解雇了。孙玲·胡是詹姆斯·星·胡的第二任妻子，从香港过来，是个中国人。道格·胡是詹姆斯·星·胡的独生子。

再看威克斯勒一家四口。杰克·威克斯勒是一个治疗脚疾的医生，谁脚上有什么毛病，生个鸡眼什么的，杰克·威克斯勒都能搞定。格雷丝·温沙·威克斯勒是杰克·威克斯勒的夫人。这对夫妻有两个女儿，一个是安琪拉，年纪大一点儿；一个是特图尔，年纪还小。这一家人和威斯汀有什么关系呢？格雷丝·温沙·威克斯勒是威斯汀的侄女。

西奥多拉齐斯也是一家四口。乔治·西奥多拉齐斯是个咖啡店的老板，年轻的时候跟威斯汀的女儿有过一段恋情，差点儿成为威斯汀的女婿。他和妻子西奥多拉齐斯太太生了两个儿子。两个儿子都非常有特点：长子西奥·西奥多拉齐斯喜欢写作；小儿子克里斯·西奥多拉齐斯腿有疾病，常年坐在轮椅上，特别喜欢鸟类，是个鸟类观察者。不过，乔治夫妇不是继承人。

还有“零零碎碎”几个人。

一个是伯思·艾瑞卡·葛柔，她是日落塔楼的女仆，后来大家才知道她是威斯汀的妻子。

一个是丹顿·迪尔，他是威克斯勒家大女儿安琪拉的未婚夫。

一个是辛黛尔·卜拉斯基，她是舒尔兹经理的秘书。

一个是乔琪·福德，她是个法官。

一个是弗劳拉，她是个裁缝，曾经为威斯汀的女儿缝制过婚纱。

一个是欧慈·安伯，他是个邮差。

一个是亚历山大·邵斯，他是日落塔楼的门房，人们都叫他“山迪”。

有一天，16 个继承人分别收到邀请 —— 请他们去参加在威斯汀老屋里举行的遗嘱宣读仪式。他们要按照遗嘱完成一场“游戏”，找出谋杀威斯汀的凶手。谁先找到，谁就有机会继承一大笔遗产。其实，威斯汀并没有死，他不但没有死，还扮演了很多人，使整件事变得相当复杂。房地产经纪人巴奈·诺斯、日落塔楼的门房亚历山大·邵斯、威斯汀纸亚公司的董事长朱利安·R. 伊斯汀，这三个人实际上都是威斯汀。

6. 练习问问题的阅读单

问问题的阅读策略是指读者在阅读时，通过提出问题来帮助自己思考、理解，有点儿自问自答的味道。

向自己问问题有许多好处，例如帮助理解、促进学习、更加投入地阅读。

很多人认为，问问题是不需要练习的，所谓问问题，就是将自己不明白的地方说出来，而“有疑而问”是人的本能。

这种想法是将“问题意识”和“提出问题”这两个概念混淆了。孩子们心中有疑问时，不一定能提出问题。他们提出问题的过程可以分成三个阶段：第一，头脑中有问题意识；第二，在学习过程中产生问题，并试图表述出来；第三，能够用准确、科学的语言表述出有价值的问题。

有的时候，我们也可以和孩子们一起试着将问题分类，这是一种“元认知学习”。了解了问题的不同类型，能帮助自己更好地提出问题。

在统编教材的“提问单元”中，编者就引导孩子从不同维度给问题分类。

例如，问题可以分为“根据局部内容提出的问题”和“根据全文提出的问题”。

例如，问题还可以分为“从内部角度提出的问题”“从表达角度提出的问题”和“从生活经验角度提出的问题”。

《汤姆的午夜花园》

[英]菲莉帕·皮尔斯 / 著
马爱农 / 译
人民文学出版社

汤姆放暑假了，但是他闷闷不乐。为了避免被弟弟的麻疹传染，他来到了姨妈家。故事是从一天深夜开始转折的。那天深夜，楼下的古董大钟敲了十三下，于是奇异的事情就发生了：原本堆满了垃圾桶的后院，变成了一座神秘的夏日花园。汤姆在这里没有脚印，没有影子，能穿墙而过。他在花园里认识了一个小姑娘——海蒂。

随后，奇怪的事情接连发生：时间忽前忽后，季节忽然冬季忽然夏季，人的年龄也忽大忽小……

汤姆更加惊奇地发现，他似乎走进了巴塞洛缪老太太的梦里。

《汤姆的午夜花园》阅读单：记下问题

打开《汤姆的午夜花园》，你一边读，一边会产生一些问题。这些问题，有的随着阅读可以找到答案，有的可能反复阅读还是不得其解。请你仿照例子把自己真实的阅读体验记录下来。

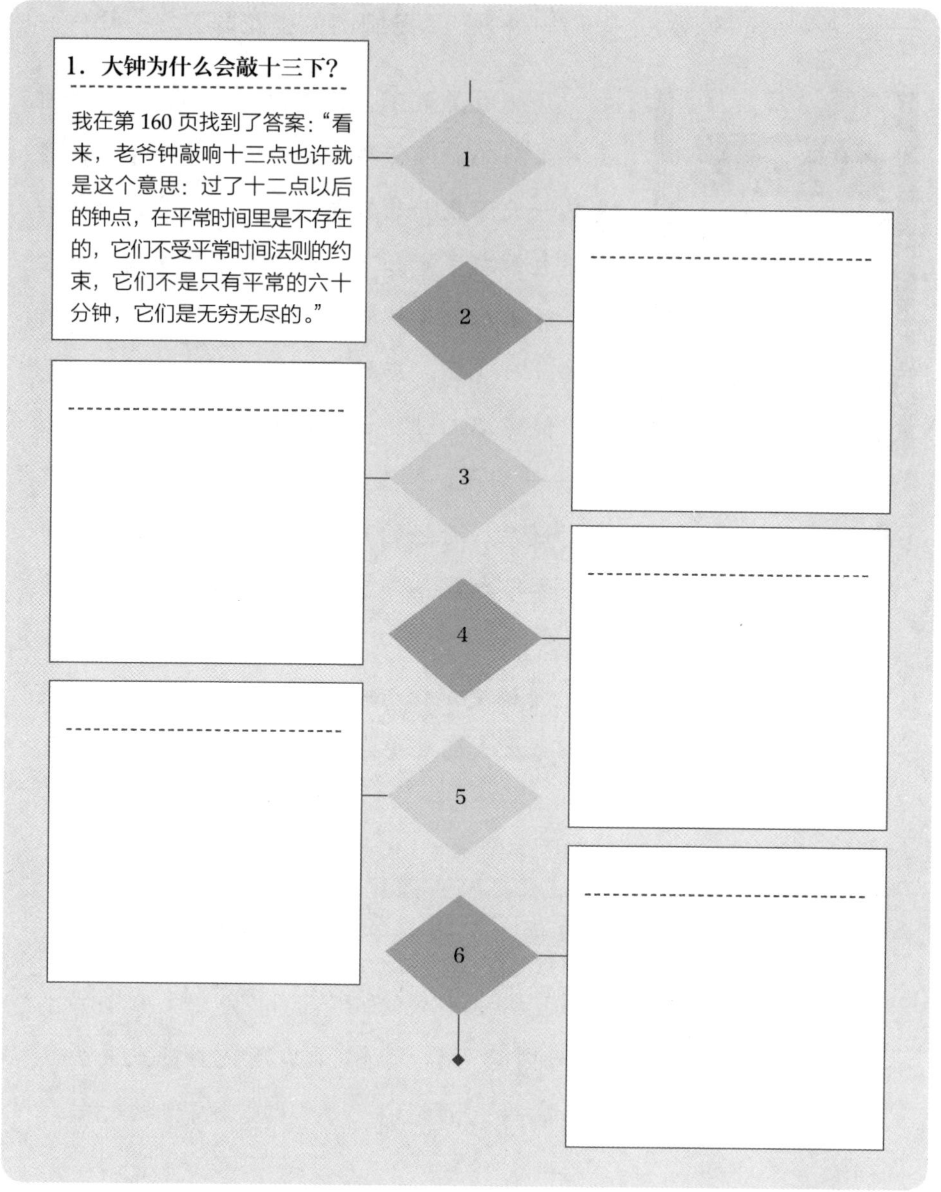

这张阅读单就是提醒孩子们，阅读时要不断问自己：“我是否明白书中所说的意思？”如果发觉自己不明白，就要勇敢、及时地说出来或记录下来。

孩子们在阅读《汤姆的午夜花园》这部小说的时候，确实遇到了许多困惑。

为什么花园里只有海蒂和亚伯能看见汤姆？

花园里的一切为什么不按时间的顺序来发展？

为什么亚伯也能看见汤姆？

为什么在小巴蒂的马车上，海蒂几乎看不见汤姆？

为什么大房子里只有汤姆进入了巴塞洛缪太太的梦中？

这些问题，孩子都答不上来，因为这是他们真的不明白的地方，是他们真实的困惑。

如果这时候，教师能试着帮助孩子们弄明白这些问题，那么他们对这部小说的理解就会提升一个层次。

《马蒂和三个天大的谎言》

[德]萨拉·瑙拉 / 著
王泰智　沈惠珠 / 译
新蕾出版社

爸爸说他们要去瑞士了，要住大别墅了，十一岁的马蒂信以为真，立刻把这个消息写进作文，并在课堂上高声朗读了。可是马蒂很快就知道了这是爸爸的一个谎言，而他却不愿意告诉别人真相，只好不断地用新的谎言掩盖这一谎言，最后马蒂对家人说他们家中了大奖，把一家人骗到了芬兰。他们没有钱，没有车，更没有房子。他们如何才能渡过难关呢？

《马蒂和三个天大的谎言》阅读单：试着提问

问题类型	试着提问
解释类问题	
评价类问题	
生活类问题	
表达类问题	

这张阅读单就是鼓励孩子们在读完《马蒂和三个天大的谎言》之后，自己向自己提问。

这张阅读单要求比较高——让孩子们尝试从不同的角度向自己提问，从而得到更多、更全面的阅读收获。

因此，在填写阅读单之前，教师先要让孩子们明白什么是解释类问题、评价类问题、生活类问题、表达类问题。

只要辅之以恰当的例子，孩子们是能够理解这些概念的，是愿意接受这些知识的。这是一种元认知学习。以下是孩子们填写的。

问题类型	试着提问
解释类问题	1. 为什么马蒂和萨米在妈妈说谎（给动物捐钱）后，把她的钱捐了，妈妈生气了？ 2. 大人们都说说谎是不好的，那么，当马蒂的妈妈得知野鸭湖里没有海豚时为什么说谎呢？ 3. 玛丽亚伯母和马蒂的妈妈知道她们的丈夫在马蒂家说的是谎言吗？马蒂的爸爸为什么要向尤西伯伯炫耀？
评价类问题	1. 妈妈因为马蒂很小，所以骗他，这样是为了让马蒂觉得妈妈很伟大，这样做好吗？ 2. 你认为书中马蒂的谎言都是善意的吗？撒谎到底是好还是不好？为什么？
生活类问题	1. 假如你是马蒂，你会在爸爸告诉你要搬到别墅去住后，马上告诉同学吗？ 2. 如果你是马蒂，你会在到芬兰后告诉父母事实吗？为什么？ 3. 你说过谎言吗？
表达类问题	1. 作者写这本书的意图、目的是什么？ 2. 谎言是这本书的线索吗？ 3. 作者为什么要写这本书？ 4. 这本书为什么要用倒叙的手法？

7. 练习思辨的阅读单

思辨就是思考辨析的能力。所谓思考，指的是分析、推理、判断等思维活动。所谓辨析，指的是对事物的情况、类别、事理等做出辨别、分析。用到阅读中，应该就是广泛地阅读、反复地推敲、缜密地思考、明晰地分辨。

培养孩子的思辨能力，能促进他们的思维品质、阅读素养的提升。然而，有时候，我们会更多地关注故事的内容、形式，而忽略隐含在文字深处的内涵，忽略有思考价值的东西。

怎样提升思辨能力呢？简单地说就是用联系的观点、发展的眼光、多角度多层面的视野去阅读、去思考。

在阅读中学会辩证阅读，学会分析，我们可以这样做。

用发展的眼光分析问题。

用联系的观点分析问题。

用比较的观点分析问题。

用一分为二的观点分析问题。

用换位思考的立场分析问题。

…………

《疯羊血顶儿》

沈石溪 / 著
浙江少年儿童出版社

一只叫“血顶儿”的盘羊，在诞生之际就遭遇了母羊被狼群噬杀的惨剧。那一片血光成为“铸定式的印象与记忆”，永远笼罩在血顶儿的头上，改变了它作为盘羊与生俱来的软弱、温和的属性。它将生命中的大部分时间用于强制改变羊角生长的方向，痛苦而顽强地将本应盘曲的羊角，在石头缝里一点点扭转成向前生长的利角，而它忍受生理的痛苦、种族的歧视所要做的这一切，都只是为了一个信念：找杀戮母羊的黑母狼复仇！最后，血顶儿为了保护大家，用尽生命的力量和狼去对峙时，它的伙伴，那些漂亮的羊，却欺骗了它，把它遗弃了……

《疯羊血顶儿》阅读单：你希望谁赢得胜利

故事到了收尾阶段，黑母狼与血顶儿面临一次决战，不是你死就是我亡。假如你是作者，由你来决定故事的结局，你会安排谁赢得这场决战的胜利呢？如果你非常坚决地选择让血顶儿赢，就在“3”上画一个圈，并简要地写下原因。你也可以在“2”上画一个圈，那说明你虽然选择让血顶儿赢，但心里有些犹豫。而选择“1”则说明你心里很矛盾。同理，你可以选择“–1”“–2”“–3”。

黑母狼战胜血顶儿　　　　血顶儿战胜黑母狼

-3　　-2　　-1　　0　　1　　2　　3

理由 1：________________________________

理由 2：________________________________

理由 3：________________________________

如果阅读仅仅让孩子们停留在了解情节、感知人物的层面，就太肤浅了。教师不仅要带领孩子们走进故事，还要带领他们走出故事，思考提炼出故事带给他们的启迪。比如这张阅读单，就可以引导孩子们依据故事提出自己的不同看法，同时思考作者的创作意图。

沈石溪小时候身体羸弱，瘦得像根豆芽菜，时常遭到同伴的欺负，在那些淘气而强健的男孩面前，他经常是挨打挨骂的可怜角色。最要命的是，他不仅身体差，性格也弱，遭到欺负后，唯一的应对办法就是哭泣逃跑。

沈石溪也想反抗，他无数次在想象中反抗。他想象自己一掌把欺负他的小流氓劈翻在地，几拳把压迫他的小混混打得跪在地上求饶。但他只是想象而已，现实中，他依旧有些怯懦。

长大后，沈石溪成了一个作家，动物小说作家。

一个作家，最大的福利就是可以虚构，可以想象，可以在小说里实现自己的愿望。

于是，他在《疯羊血顶儿》里塑造了一头“英雄羊”。这是一头敢于与狼搏斗的羊，它不甘心忍气吞声、逆来顺受，它要给十恶不赦的狼一点儿颜色瞧瞧。

这样的小说注定是好看的，向狼反击这种事一听就很热血，很英雄。

如果只是想塑造一个英雄，那么小说就应该一路披荆斩棘，一路所向披靡，一路高歌猛进……最后复仇成功，英雄诞生。

但是，沈石溪并没有这样写，事情慢慢变得复杂起来。

血顶儿把羊角拉直了、磨尖了，杀伤力加强了。一些羊效仿血顶儿，也把羊角拉直、磨尖了，它们在争偶的时候，用尖锐的双角刺死了好几头大公羊。

血顶儿挑杀狼崽的行为引来了黑母狼无休止的报复，黑母狼疯狂地虐杀盘羊，不是为了果腹，而是因为生气，是为了报复。

于是，在一段时间里，盘羊死伤得更多了，整个盘羊群惶恐地迎接着灭顶之灾的到来。

血顶儿很快发现英雄不是那么好当的，它陷入尴尬的境地——一边是强敌的迫害，一边是同类的误解、嫉恨。

最后，英雄走向穷途末路，被黑母狼咬死。小说里的其他人物，或多或少地都扮演了把血顶儿逼上绝路的角色。

血顶儿是不是疯子？血顶儿是不是英雄？血顶儿做得对吗？

这些问题真是值得思考，关键是你愿不愿意思考。

我觉得，这是沈石溪小说中讽喻现实、针砭时弊最明显的一部。

这张阅读单就是意图引导孩子们走向深度思考。

《宝葫芦的秘密》

张天翼 / 著
丁午 / 绘
新蕾出版社

一天，小学生王葆在钓鱼时偶遇传说中能实现任何愿望的宝葫芦，他想要什么宝葫芦都能随手拿来。宝葫芦能帮王葆钓到鱼，能帮王葆迅速完成家庭作业，能让王葆考试得高分，反正王葆想要什么就有什么，想什么就能成什么。有了这个宝葫芦后，王葆在学校里的表现突飞猛进，生活变得“完美”。

可是，王葆逐渐发现宝葫芦只懂盲目服从，因此也让他经常出丑。宝葫芦做不到无中生有，它能做到的只是借用、挪用，就是把别人的东西占为己有。它给王葆吃的东西是商店的东西，它给王葆的高分试卷是别人做的试卷。

最终，王葆决定放弃宝葫芦。

《宝葫芦的秘密》阅读单：选择天平

如果你是王葆，你会选择放弃拥有宝葫芦吗？将理由写在相应的天平上。

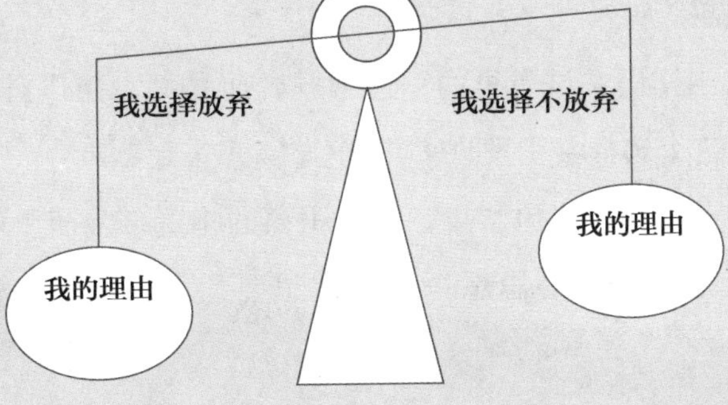

我们是放弃还是不放弃呢？**这张阅读单，可以让孩子们在选择的过程中学习思辨。**

王葆得到的是一个漂亮的葫芦，它有神奇的魔力。

王葆想吃好东西，他面前立马就涌出了花生、苹果、糖葫芦，这些都是王葆最爱吃的。

王葆想看班级图书馆的《科学画报》，它很快就到了王葆的书包里。

王葆考试，不用自己动脑筋，写好的试卷就整整齐齐地放在他面前。

…………

可是，故事的结尾呢？王葆一脚把宝葫芦踢到水里，一刀把它劈成两半，还想一把火把它烧掉。“梦寐以求”变成了“恨之入骨”，这是为什么呢？

故事里的每一个转折都是值得我们思考的。

看完这本书，我们发现，这个宝葫芦给王葆带来了便捷、荣耀、享受，也给王葆带来了尴尬、难受、无趣。

王葆和小伙伴下棋，刚想吃对方的“马”，脏兮兮的“马”就飞到了他的嘴里，尴尬癌都犯了。

王葆得到的东西，都是宝葫芦从其他地方，比如别的教室、商店、家里搬来的。于是，王葆就成了窃贼。那些小偷小摸惯了的坏孩子把王葆当作了榜样、英雄。

王葆喜欢组装飞机模型，可零件刚拿到手，飞机就自动组装好了，那还有什么意思？总之，王葆英雄没当成，反而出尽洋相，尝尽苦头。

现在了解了宝葫芦的利与弊，回到阅读单中的那个“选择”：你会选择放弃拥有宝葫芦吗？

不要把它当作语文试卷里的一道考题，而是把它当作自己人生中的一个重要选择，这个选择会引发许多想法。

在《宝葫芦的秘密》电影里，面对王葆的指责，宝葫芦可委屈了：“你说我是妖怪，是你自己心思想歪了，你想要什么，我就变什么给你，不是吗？”

宝葫芦说得再明白不过了：没有我宝葫芦，你心里的那些欲望，终有一天也会让你出丑，让你受罪。

如果说《宝葫芦的秘密》里有秘密，那么这就是秘密。

第五章

通用型阅读单

前面我们聊了很多关于某一本书或者某一类书的阅读单的设计和使用。那么，有没有阅读单，适用于多本书呢？当然有。

适用于多本书的阅读单，我们把它叫作通用型阅读单。实际上，阅读单只是为孩子们的阅读提供一个框架，就像盖房子一样，先设计框架，搭建起房子的“外壳”，至于里面如何布局，如何装修，如何使用，可以依据个人的想法和喜好。通用型阅读单就可以用来搭建一些简单、好玩又有创意的思维框架，孩子们可以利用这些框架去思考他们所阅读的东西，并记录他们的想法。

所以，我们可以设计一些通用型阅读单带领孩子们探知故事元素，进行梳理统整，练习、使用阅读策略，学会鉴赏评价，展开创意表达……让他们亲历阅读体验、建构与思考。这样的阅读单还可以给热爱阅读的孩子提供交流展示的平台；引领有阅读障碍的孩子体验阅读的乐趣，养成良好的阅读习惯，成为一个好读者。

通用型阅读单大致可以分为以下几类。

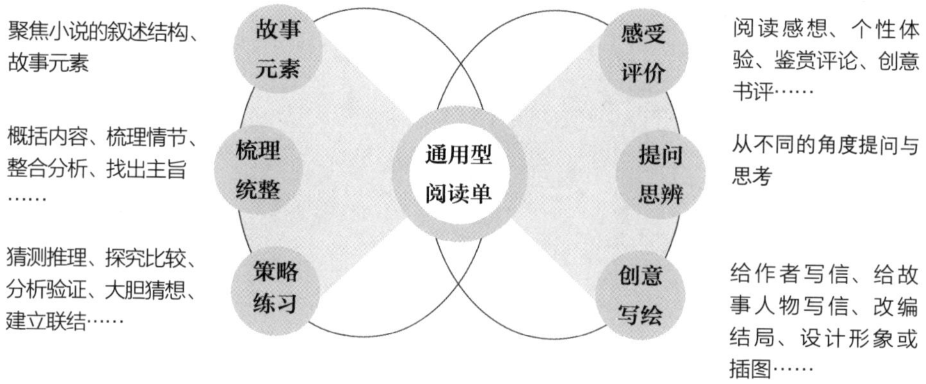

1. 故事元素类阅读单

故事板

书名：

开始 →		

说明：孩子是很难把握一个复杂、冗长的故事的。把重要的情节写到故事板里，整个故事就显得形象、准确、简单了。我经常借助这样的阅读单让孩子们复述故事。

故事地图

书名：

人物

环境

矛盾或问题（情节）

方法（情节）

结果（情节）

说明：故事地图有很多种，这张故事地图是围绕故事结构来设计的，它形象直观地把作者如何“导演”一个故事的过程呈现出来。孩子们可以围绕这样的阅读单来讨论故事的构思特点，梳理故事的线索，梳理情节的走向，学习创编这类故事等。

故事元素图

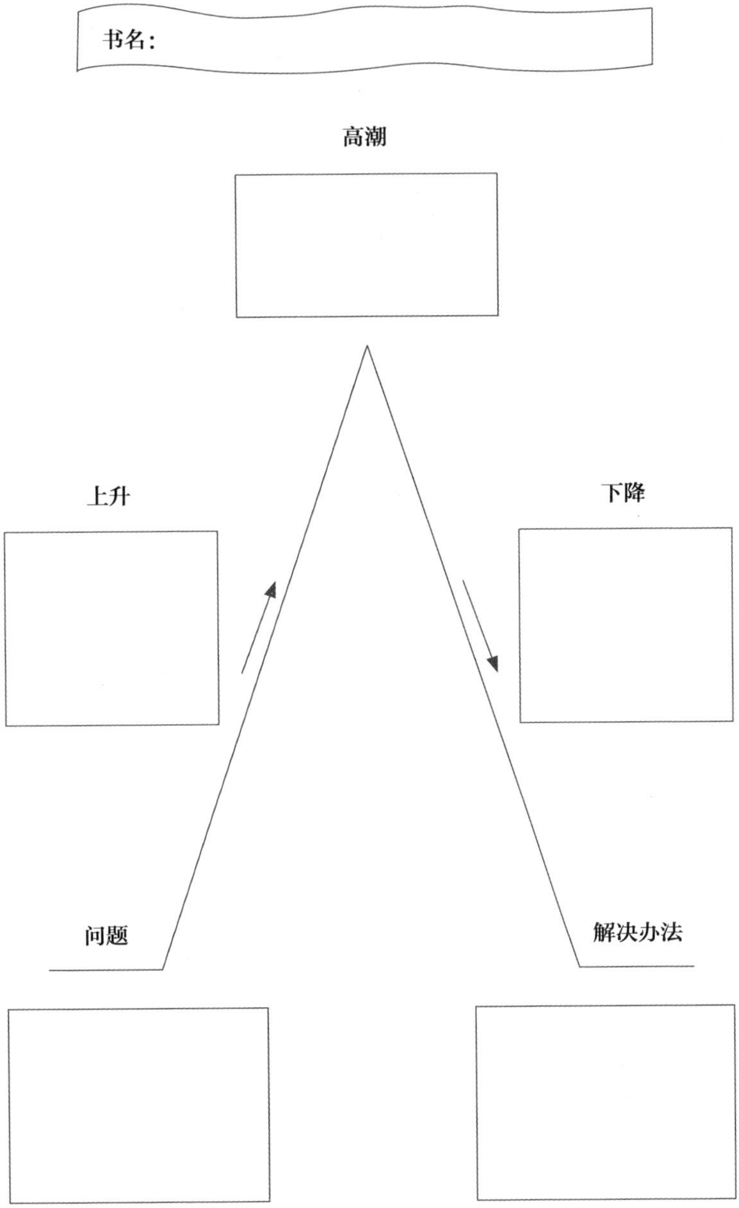

说明：这张阅读单聚焦小说的要素——发生、发展、高潮、结局，引导孩子们去关注小说情节的设置。

四格漫画

书名：

亲爱的同学，假设你是一位漫画家，请将这本书改编为含有开始、发展、高潮、结束剧情的四格漫画，并用文字说明。

说明：除了用文字，我们还可以用图像化的方式把故事的结构元素呈现出来。图像化阅读，并不只是画画，还要把故事的情节用画面呈现出来。图像化阅读，能让阅读更加真实。一般来说，孩子对这样的方式会比较感兴趣。

2. 梳理统整类阅读单

归纳主要内容

书名：

描写 1

↓

描写 2

↓

描写 3

主要内容：______________________________

____

____

说明：这张阅读单适用于那些没有明显总起、总结句的文章，“主要内容”部分需要你敏锐地抓住文中重要的描写，然后用自己的话来概括。

概括故事内容

书名：

试着在下面的空格内概括这本书的内容（少于 150 字）。

										10
										20
										30
										40
										50
										60
										70
										80
										90
										100
										110
										120
										130
										140
										150

说明：这张阅读单的目的在于引导孩子们写故事梗概，让他们学会概括叙述。

我们要做的是引导孩子们细读故事，抽取各章节关键要素，串联故事，理好顺序，学会取舍，抓住重点，学会概述。

组织脑图

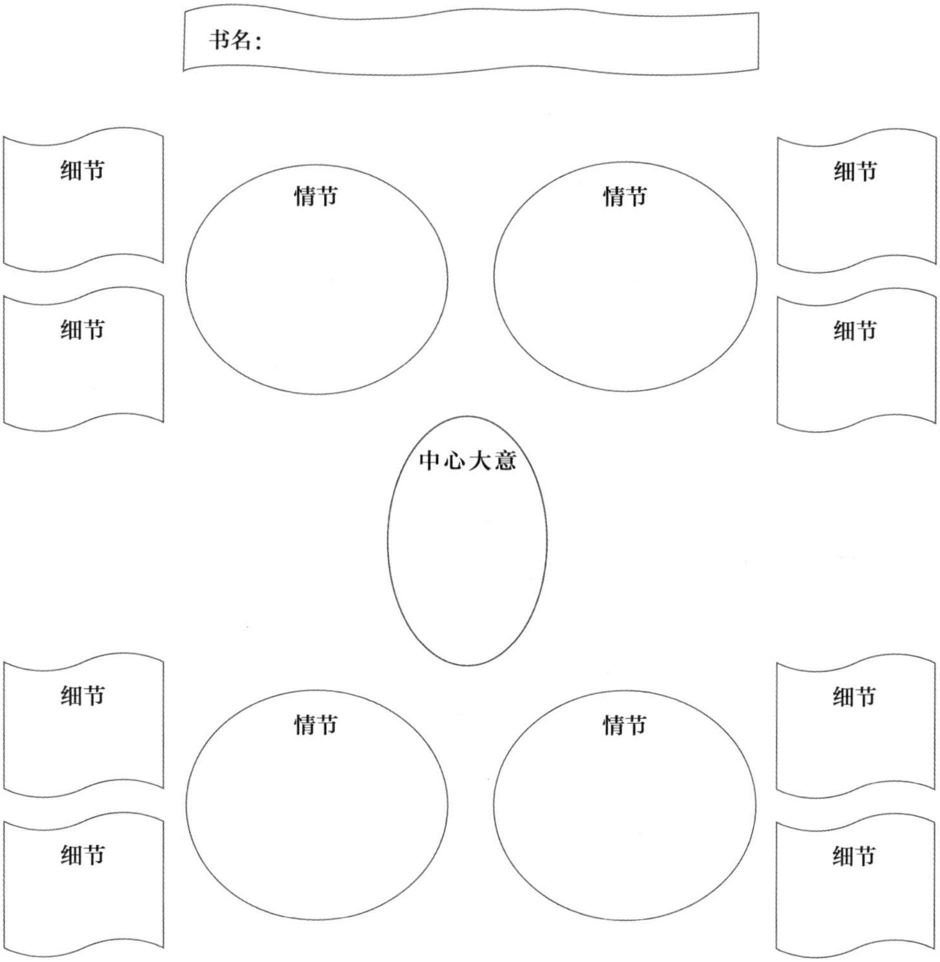

说明：组织脑图把一本书变成了一张薄薄的阅读单。阅读单的核心部分是这本书的中心大意，紧贴核心部分的是紧扣中心大意的关键情节，关键情节的外围则是一些体现中心大意的细节。这样的阅读单把作者如何构思一个故事具象化地呈现出来。这样的阅读单，可以引导孩子抓住核心，围绕关键点进行发散阅读。

情节、问题与解决办法

书名：

引发问题或矛盾的人物

问题或矛盾是什么

它是如何被解决的或结果如何

说明：很多小说都有激烈的矛盾冲突，这张阅读单的优点在于提醒孩子将注意力集中在小说的重点上，也为后面的讨论做好准备。

连锁反应

阅读时，我能聚焦关键情节，发现书中的__________________（情节）会产生一系列连锁反应。在波纹圈里记录下一个个连锁反应，在船身上写下产生连锁反应的原因。

说明：这张阅读单，可以引导孩子关注一些有因果关系的故事情节，特别是可以产生连锁反应的情节。让孩子在波纹圈里记下这些连锁反应，在船身上记录导致这些连锁反应产生的原因。

找出主旨与相关证据

书名：

主旨

相关证据

相关证据

相关证据

说明：这张阅读单可以帮助孩子理清文章的线索，了解作者是用什么样的方式来证实自己的观点的，还可以培养孩子尽快抓住关键信息的能力。

时间线

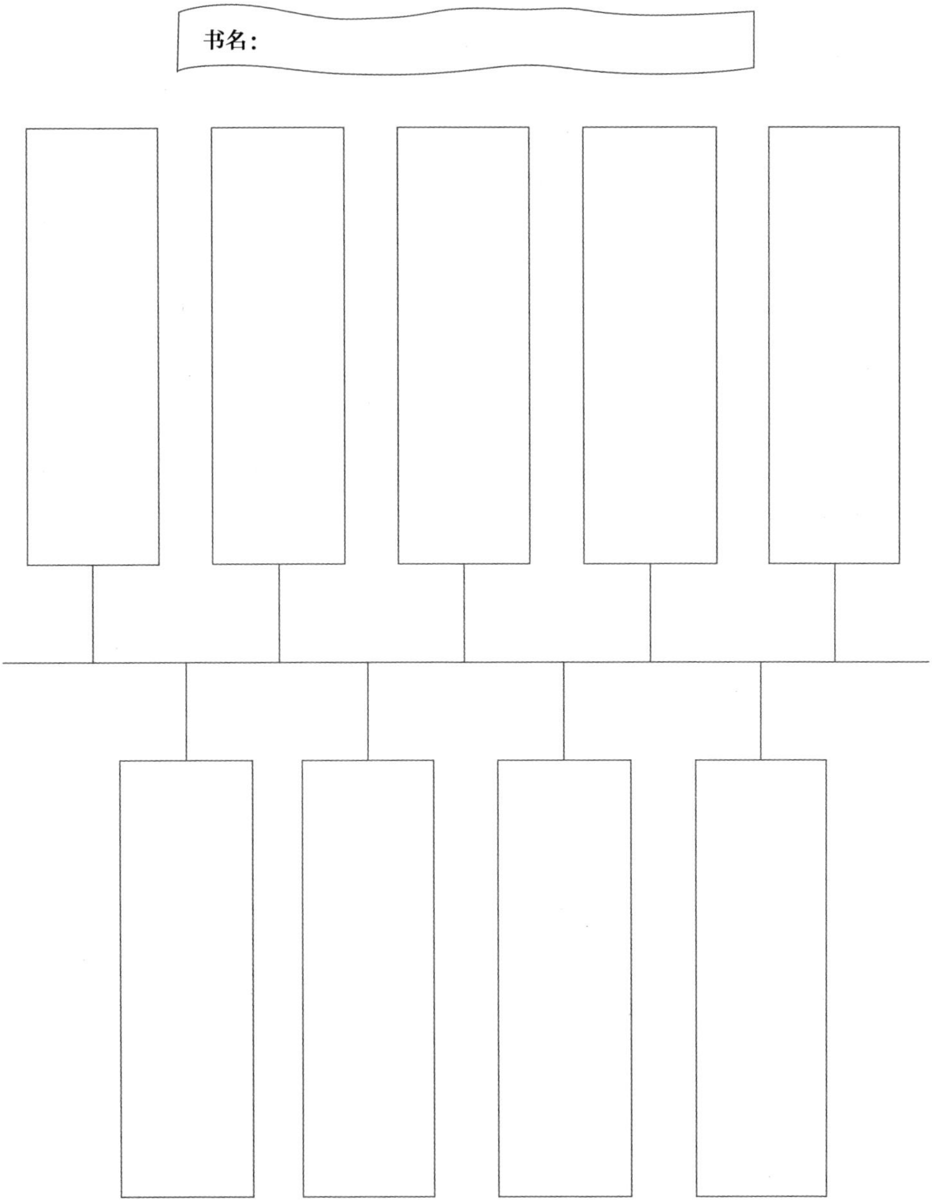

说明：如果一个故事安排了插叙、倒叙，时间词汇丰富并富有变化，而你想锻炼孩子梳理时间进程的能力，这张阅读单就可以起到很好的作用。

人物推理网络图

书名：

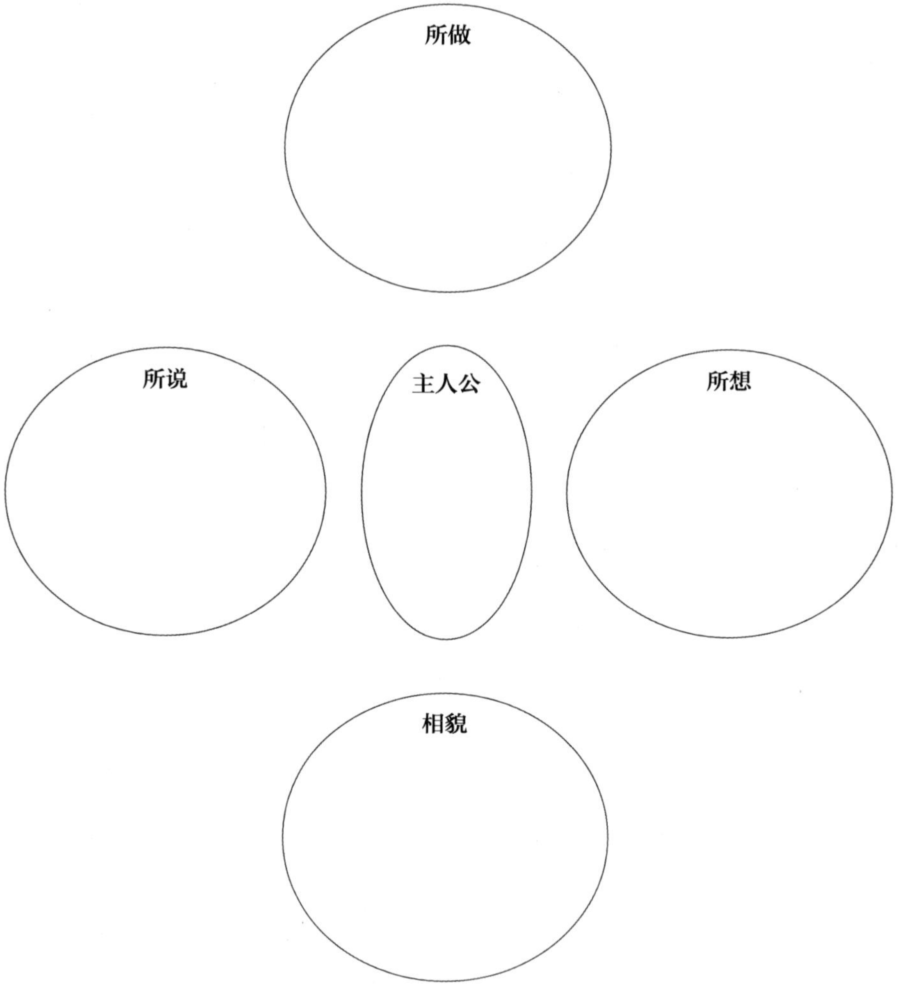

说明：当你想和孩子讨论书中某个人物的时候，这张阅读单是一个很好的辅助工具，实际上它也在告诉孩子很重要的一个阅读策略：要想了解某个人物，需要整合分析书中关于这个人物的外貌、言行举止以及心理描写等。

3. 策略练习类阅读单

预 测

书名：

孩子们，你们看了书名、封面或前一章节，能预测出故事后面的发展吗？

我已知道的	我想知道的	我猜中的答案	预测 √ /×

说明：预测与推理是根据已有的信息，对情节的发展、人物的命运、故事的结局、文章的观点等进行预测和验证。预测与推理强调线索和论据，线索和论据主要来源于这样几个方面：个人已有的生活经验和常识、书中的情节、阅读同类文本的经验等。

推 理

书名：

故事中的内容	我知道的（非故事中的内容）	推理的结果

说明：这张阅读单强调推理要有依据，依据主要来自两个方面：一是书中有用的细节，二是生活中的经验。

KWL 表

书名：

K	W	L
我所知道的	我想知道的	我学习到的

说明：这张阅读单，一般用于阅读知识类书籍。“我所知道的”一栏内填写读这本书之前就知道的相关知识；“我想知道的”一栏内填写读这本书之前自己想了解的相关知识；“我学习到的”一栏内填写带着目的读完这本书之后知道的相关知识。

我的探究

书名：

我是用探究法阅读这本书的。

我的知识

我知道：

我的提问

我还想知道：

我的笔记

我发现：

说明：用探究的方式去阅读，关注的是个性化的阅读体验。这样，孩子们的阅读是建立在自己的知识体系之上的。他们可以运用这张阅读单对所读的书提出疑问，发表不同的观点，提出新的看法，与同学探讨交流自己的发现。

运用依据证实观点

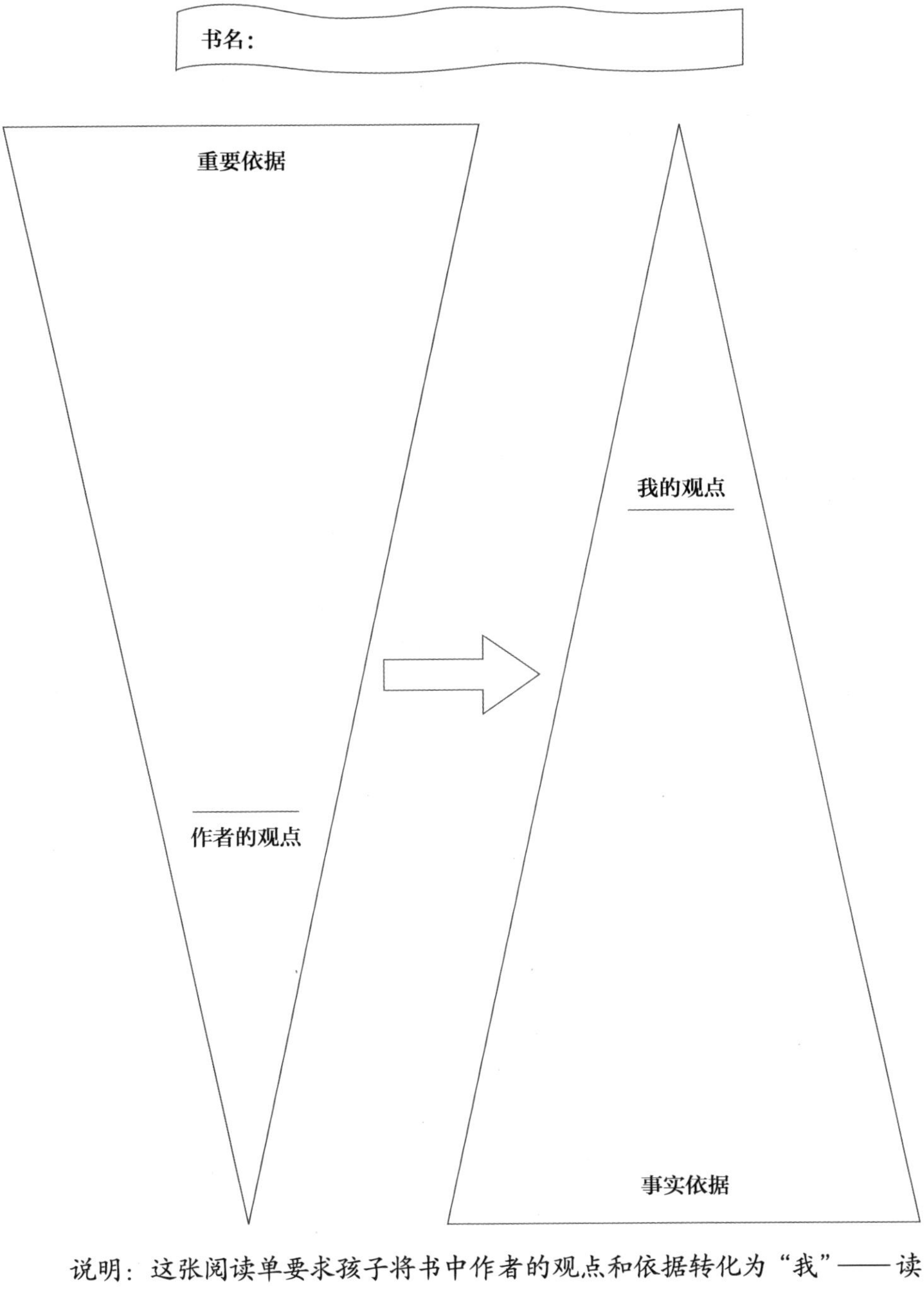

说明：这张阅读单要求孩子将书中作者的观点和依据转化为“我”——读者的观点和事实依据，让孩子把阅读转化成自己的思考。

分析要点

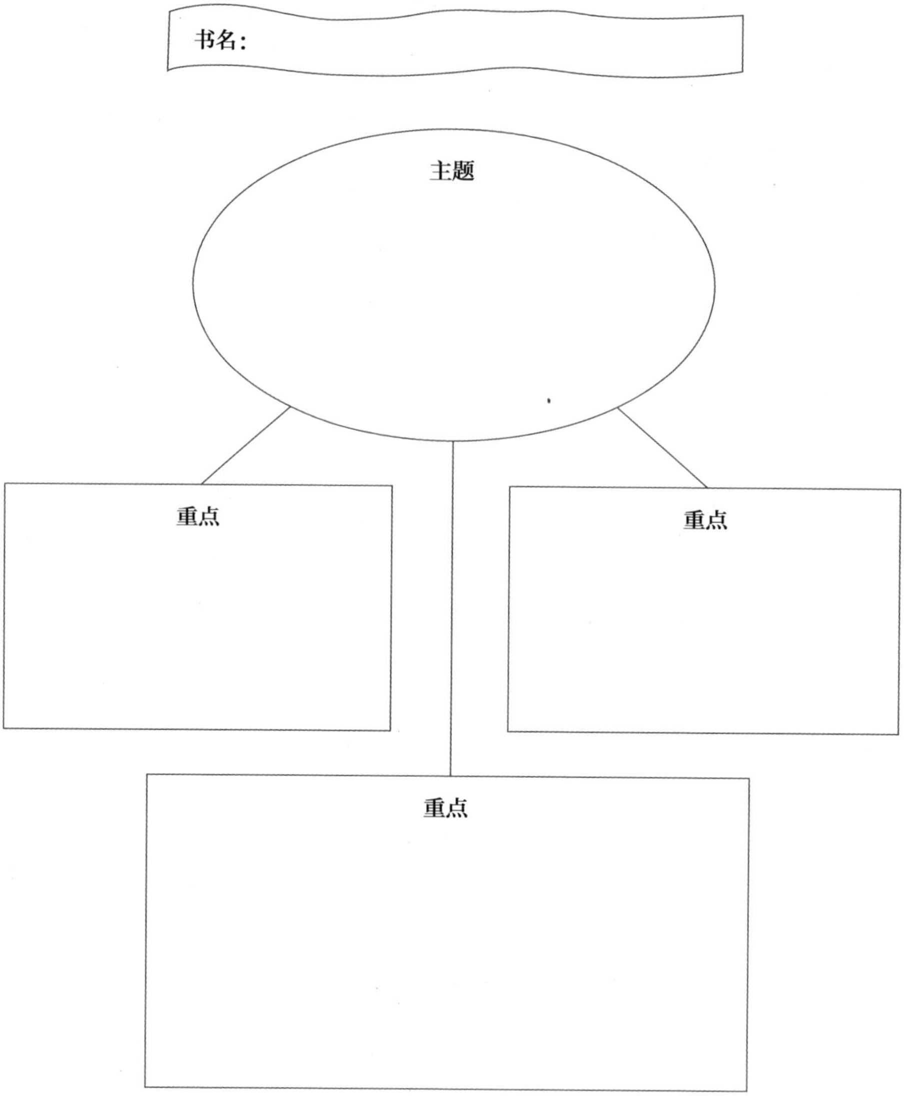

说明：如果阅读仅仅让孩子们停留在了解情节、感知人物的层面，就太肤浅了，所以有时候我们可以抓住主题来思考、讨论。

抓住主题，紧扣重点，其实就抓住了一本书的内核。在填写这张阅读单时，我们可以引导孩子们围绕重点展开讨论：这些重点的设置是怎么体现主题的？

比较相似与相异 T 形图

书名：

相似	相异

说明："比较"是经常用到的阅读策略，这张阅读单简洁、清爽，适用于四年级以上的孩子。

大胆想象

书名：

选择书中的一些段落，大胆进行想象。

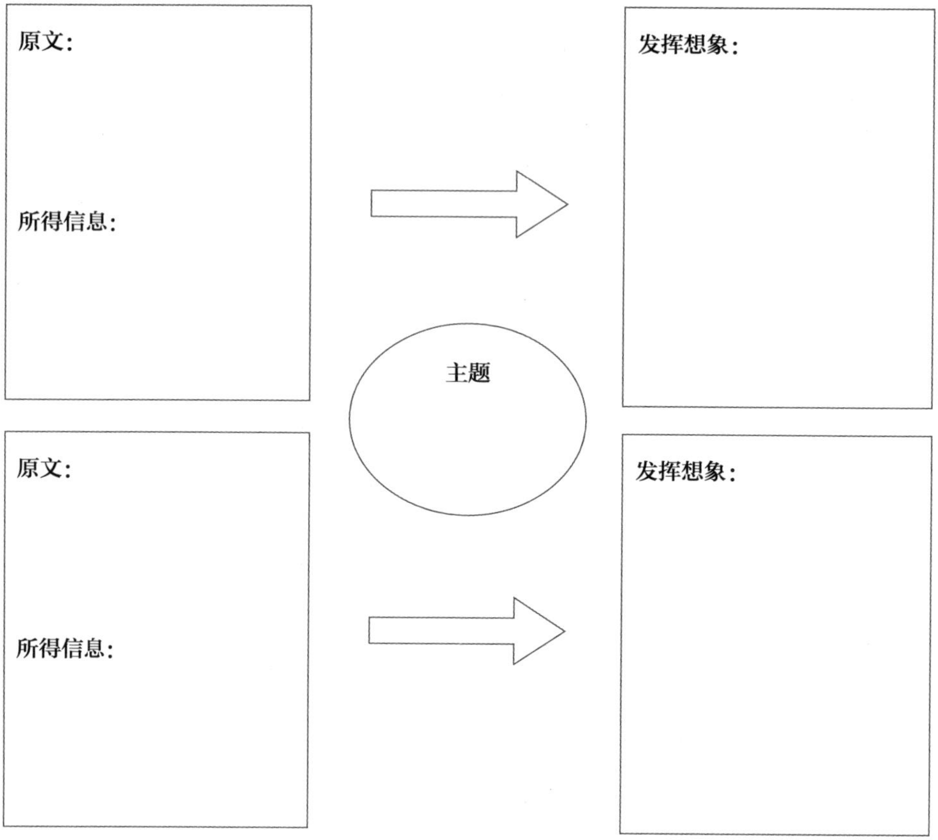

说明：孩子的阅读过程是一个充满独特体验的过程，借用这样的阅读单鼓励孩子在阅读中利用已有的文字阅读体验和已获取的信息，大胆展开想象，既可以调动孩子阅读的积极性，又可以发散孩子的思维，让阅读变得更有趣。

当然，要注意的是，想象不是漫无边际的，而是建立在已有的阅读体验之上的。

与故事做联结

书名：

这个故事和我们有关吗？和我们读过的哪本书有关吗？或者和我们的生活有关吗？

这个故事里的 ____________________________

让我想起了 ____________________________

故事

____

____

____

____

我们

____

____

____

____

故事

____

____

____

____

（　　）

____

____

____

____

说明：我们阅读时，可以和书中的不同内容建立联结，比如故事的某一部分、一幅图、一个人物，或一种感受等。当然也可以和另一本书联结，和已知事物联结，和新资讯联结，和生活联结，和自己联结等，以此来拓展、丰富我们的阅读体验。

4. 感受评价类阅读单

阅读放大镜

书名：

阅读这本书，我对作者、书中的人物和感兴趣的情节有了自己的发现，打开阅读放大镜一起来看看吧。

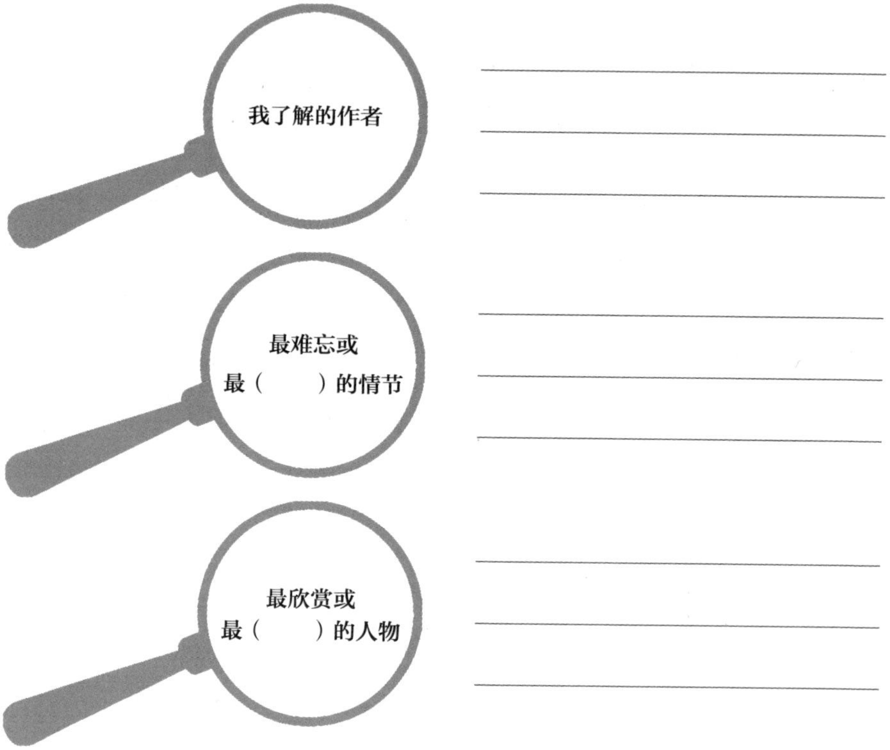

说明：阅读本身是一种丰富的人生体验，孩子的阅读之旅就是经历个性化的认知、感受、体验、建构的过程。借助这样的阅读单，我们可以展示每个孩子独特的阅读体验。

阅读中，我的想法在改变

书名：

原来我这样想——

后来我想——

现在，我的想法变成了——

说明：随着阅读的深入，我们总会产生很多想法。这张阅读单可以帮助我们在阅读过程中依据情节走向、人物变化等来关注故事背后作者的想法。

说明：阅读后我们可以对主要人物、主要事件进行个性化评价。如果说椅面上需要填的是观点，四条腿上需要填的就是证据。阅读单的作用就是引导孩子找到相关证据以佐证自己的观点。

人物评价椅

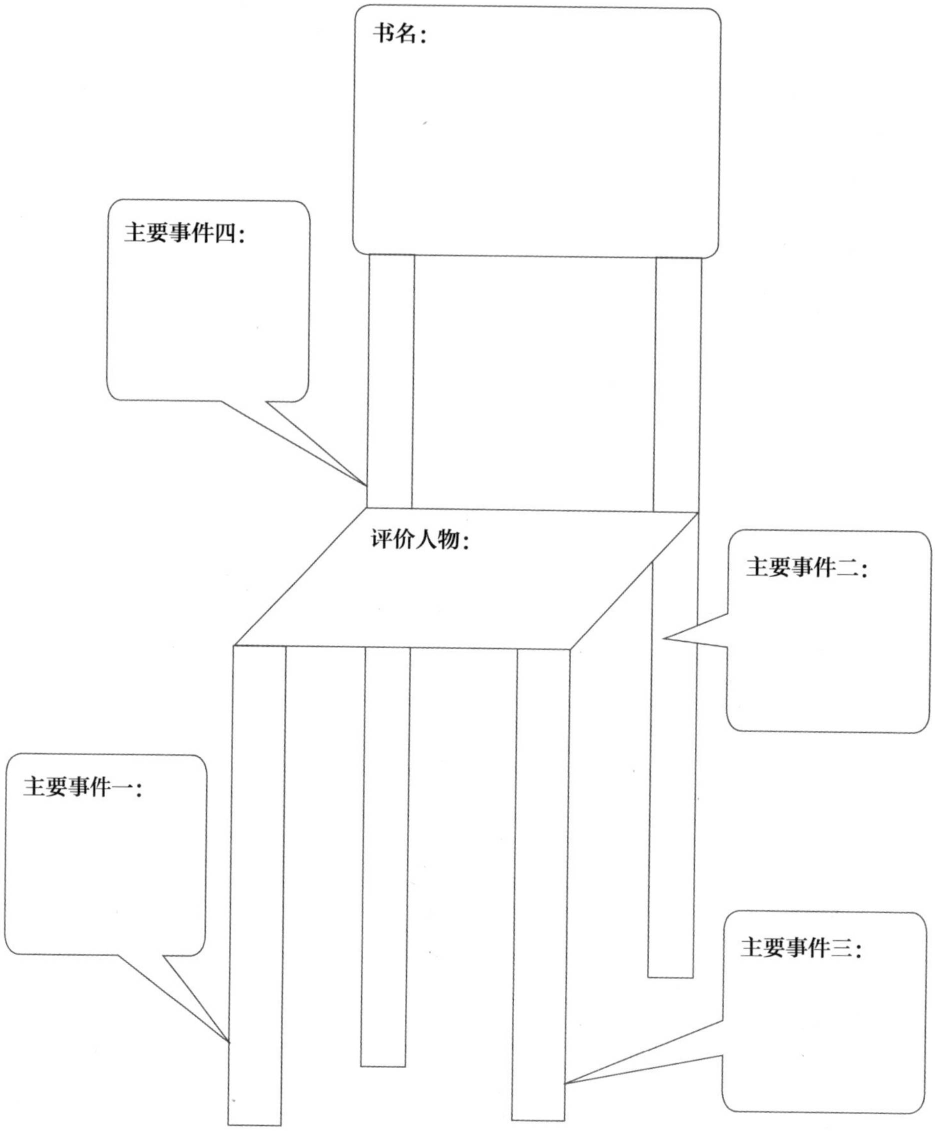

创意书评

书名：

阅读完一本书，我们可以从书中的人物、情节，故事的叙述方式，作者的观点，这本书的价值等角度选择自己喜欢的，写一份有创意的简短书评。

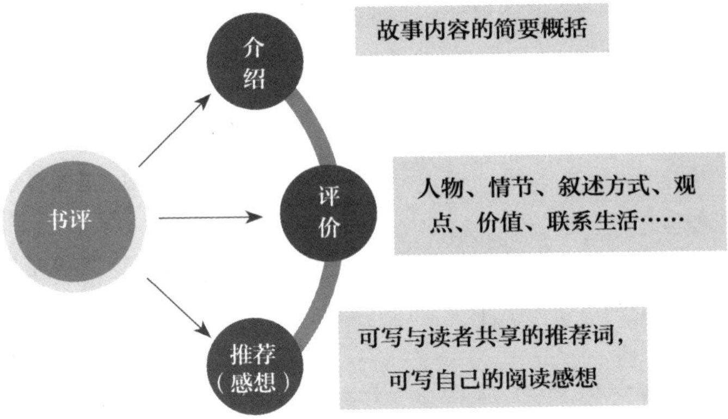

说明：简单的书评写作一般有这样三个步骤：介绍——评价——推荐（感想）。当然，这不是固定的，我们可以依据自己的喜好写一个有创意、有个性的简评。写书评时，孩子们可以发表自己对一本书的评价，以及个性化的阅读见解、阅读感想。

5. 提问思辨类阅读单

问与答

书名：

阅读的时候，我会这样问问题，也能这样回答问题。

我在阅读开始时的问题：	我的回答：	□ 答案在书里 □ 答案是我的推测
我在阅读中的问题：	我的回答：	□ 答案在书里 □ 答案是我的推测
我在阅读后的问题：	我的回答：	□ 答案在书里 □ 答案是我的推测

说明：提问源于好奇，在不同的阅读阶段，我们总会产生不同的看法和疑问，提问能帮助我们更好地阅读一本书。

这张阅读单鼓励孩子们在阅读的不同阶段提出问题，深入阅读，进行探索，展开思考。

用事实作答

书名：

先提出问题，再从书中找出答案。

我的问题：

____

____

事实	事实

事实	事实

说明：这张阅读单把我们的思考和书中的事实联结起来，让孩子们在阅读中提问，在书中寻找问题的答案，学会用事实来验证阅读中的困惑。这能帮助他们更好地读懂一本书。

根据故事的发展来提问

书名：

★ ★ ★ ★

我能回答自己提出的问题	我的其他想法

故事的前半部分	故事的中间部分	故事的后半部分

说明：这张阅读单通过梳理故事的开始、中间、结局来提问，以引发孩子们思考、发现故事的叙事特点。

问题“靶心”

书名：

阅读时，我们可以提哪些问题帮助自己深入理解一本书呢？

1.0 版问题，能在书中直接找到答案，将其记录在问题圈的外环。

2.0 版问题，需要寻找隐藏在书中的线索、秘密才能找到答案，将其记录在问题圈的中环。

3.0 版问题，要经过阅读中的判断、推理、思考、讨论才能找到答案，将其记录在问题圈的内环（靶心）。

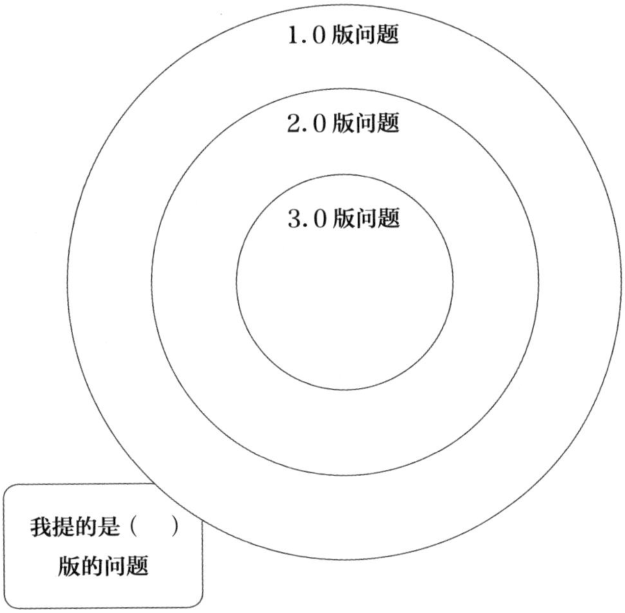

说明：很多时候，孩子们不会提问。这张阅读单重在引导他们提问，还给问题分了级别，不同版的问题指向的阅读深度是不一样的。这样的阅读单可以让孩子们明白不同的问题指向不一样，从而培养他们的问题意识。

当然，在孩子们完成阅读单后，还要对他们提出的问题进行分类统整，以便进行下一步的交流、讨论。

6. 创意写绘类阅读单

给作者的信

书名：

看过这本书后，试对本书的作者或编者写出你对本书的感受。

__________ 先生 / 女士：

您好！

____

____

____

____

____

____

____

读者__________上

____年____月____日

说明：这张阅读单让孩子们和作者或编者交流阅读的感受，实际上类似于写读后感，但孩子们会觉得用这样的方式写感想更有趣。其实，让孩子们给作家写信，给编者写信，写阅读中的发现、想法、疑问等，比知道这本书讲了什么更有意义，更好玩。

与书中的人物通信

书名：

我喜欢书中的 ____________________，对他（她 / 它）有深刻的印象，所以我写了一封信给他（她 / 它）。

提示：内容可包括安慰、鼓励、问候、赞美……

____

____

____

____

____

____

____

____

____

____

____

____

说明：给书中的人物写信，与书中的人物对话，能帮助孩子们投入地阅读，关注书中人物的特征，从不同角度了解人物的行为、动机等。

改编结局

书名：

这本书原来的结局是这样的。

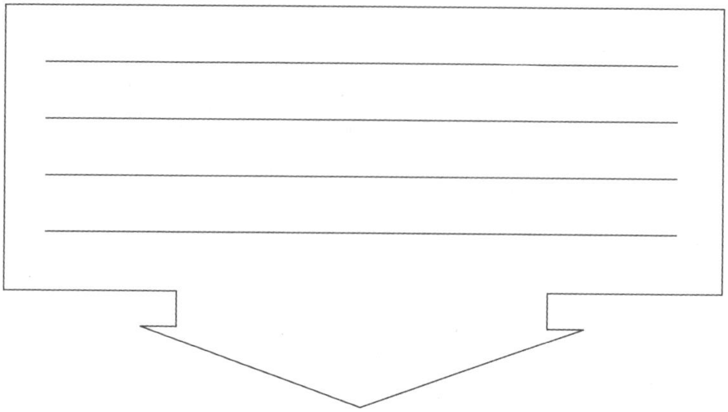

我认为更理想的结局应该是这样的。

说明：改编故事的结局，事实上隐含着读者自己的观点、看法，改编的过程也是读者阐述自己观点的过程；同时不同的结局也隐含着读者不同的、有趣的想法和有创意的设计。

设计人物形象

书名：

我为这本书中的人物设计了一个形象，他（她/它）是这样的。

他（她/它）的名字叫 ________，书中是这样描写他（她/它）的外貌的。

说明：我们在做“设计人物形象”这张阅读单时，实际上在把作者心中的人物形象转化为读者心中的人物形象。这个形象不是凭空捏造的，而是有依据的。依据就是书中对这个人物的描述，以及读者对这个人物的认识和分析。

设计插图

书名：

插图也是书的一个组成部分，不过，不是每本书都有插图。美丽的插图可以增加读书的趣味。你也可以试试给你喜欢的书设计一幅插图。

这幅插图是为本书第 ________ 页设计的，内容描述的是 ________

____

____

____

____

____

说明：给书设计插图，可以把阅读内容形象地呈现出来。这不仅可以提高孩子们的阅读兴趣，还可以让文字和插图互为补充，丰富孩子们对书中人物、情节的理解。

可以选择书中画面感强的文字，依据人物、情节、环境的设置来设计插图。

图书在版编目（CIP）数据

如何设计阅读单：让孩子成为阅读高手 / 蒋军晶，刘双双著. —北京：中国人民大学出版社，2019.12

ISBN 978-7-300-27768-4

Ⅰ.①如… Ⅱ.①蒋… ②刘… Ⅲ.①儿童—阅读辅导 Ⅳ.①G252.17

中国版本图书馆 CIP 数据核字（2019）第 280580 号

如何设计阅读单：让孩子成为阅读高手

蒋军晶　刘双双　著

Ruhe Sheji Yuedu Dan: Rang Haizi Chengwei Yuedu Gaoshou

出版发行	中国人民大学出版社		
社　　址	北京中关村大街31号	**邮政编码**	100080
电　　话	010－62511242（总编室）		010－62511770（质管部）
	010－82501766（邮购部）		010－62514148（门市部）
	010－62515195（发行公司）		010－62515275（盗版举报）
网　　址	http://www.crup.com.cn		
经　　销	新华书店		
印　　刷	北京华宇信诺印刷有限公司		
开　　本	720 mm × 1000 mm　1/16	**版　　次**	2019 年 12 月第 1 版
印　　张	17.25　插页1	**印　　次**	2024 年 6 月第 12 次印刷
字　　数	230 000	**定　　价**	68.00 元